Gunda Dworschak/Alfred Wenke: Neue Wohnexperimente

Gunda Dworschak/Alfred Wenke: Neue Wohnexperimente

Dworschak/Wenke

# Neue Wohnexperimente

- internationale Projektbeispiele
- Material
- Konstruktionsdetails
- Kosten

## Impressum
Neue Wohnexperimente
Internationale Projektbeispiele, Material,
Konstruktionsdetails, Kosten
1. Auflage
Herausgeber Gunda Dworschak, Alfred Wenke

CIP-Einheitsaufnahme der Deutschen Bibliothek
**Neue Wohnexperimente**
Internationale  Projektbeispiele,
Material, Konstruktionsdetails, Kosten

Hrsg.: Gunda Dworschak; Alfred Wenke
Augsburg: WEKA Baufachverlage GmbH
Verlag für Architekten und Ingenieure, 1997
ISBN 3-8277-1697-7
NE: Dworschak, Gunda; Wenke, Alfred (Hrsg.)

© by WEKA Baufachverlage GmbH
Verlag für Architekten und Ingenieure
Berliner Allee 28 b-c
D-86153 Augsburg
Telefon (08 21) 50 41-0
Telefax (08 21) 50 41-2 02

WEKA Firmengruppe GmbH & Co.KG
Kissing – Augsburg – Zürich – Paris – Mailand –
Amsterdam – Wien – Awans – New York
Alle Rechte vorbehalten, Nachdruck –
auch auszugsweise – nicht gestattet.
Umschlagfoto: Reiner Blunk, Tübingen
Produktion: Ludmilla Schaller
Satz und Grafik-Design: Petra Pawletko
Druck: Sellier Druck, Freising
Repro: high-end  dtp-service, Lothar Hellmuth
Produktmanagement, Konzeption: Wolf Opitsch
Printed in Germany 1997
ISBN 3-8277-1697-7

# INHALT

**1** **Einleitung**

**2** **Projekte**

**3** **Anhang**

**Dank**

Allen Architekturbüros und ihren Mitar-
beitern, den Bauherren, den Autoren,
den Fotografen, insbesondere dem
Fotograf Reiner Blunck, der die Veröf-
fentlichung der australischen Projekte
erst ermöglichte, soll an dieser Stelle
herzlich gedankt sein für ihr Engage-
ment und ihre Bereitschaft zur Mitarbeit
und Unterstützung dieses Projektes.

# Neue Wohnexperimente, wann, wo, für wen?

Wer sich einen Titel wie „Wohnexperimente" zum Thema wählt, ist gefordert zu erklären, worin für einen so anspruchsvollen Namen der Hintergrund gesehen wird. Was macht einen Wohnungsbau zum „Wohnexperiment". Ist das Thema „Wohnen" überhaupt der richtige Ort für Experimente? Soll das Wohnen, das doch ein Grundbedürfnis des Menschen beschreibt, überhaupt Anlaß für Experimente sein, oder ist dieser Rückzugsort aus dem gesellschaftlichen Leben nicht gerade der Bereich, an dem jeder Mensch seine unreflektierten, kleinbürgerlichen Wünsche ausleben können soll?
Der Ort wo es noch richtig gemütlich sein soll?
Aber es geht hier nicht um diese nicht greifbare und unbeschreibliche Gemütlichkeit. Das Leben praktisch zu organisieren, zum Beispiel in gemeinschaftlichen Wohnformen, wo uns die

jüngere Geschichte unter anderem mit den Einküchenhäusern der Zwanziger Jahre auch Beispiele anbietet, ist ein Thema für „Wohnexperimente". So finden sich im Kapitel mit dem Thema „Raum-Plan-Gefüge" auch Beispiele, in denen sich gemeinschaftsbezogene Wohnformen neueren Datums zeigen. Praktisch organisieren und vorhandenen Raum erleben, ihn durch Architektur spürbar machen soll hier auch als Wohnexperiment betrachtet werden. Neu gestaltete Innen- und Außenräume, wo Raum sich frei interpretiert und zu einer neuen Form und damit zu einem anderen architektonischen Ausdruck findet, haben hier auch ihren Platz. Es ist sicher ein Zugang zum Wohnen, der die menschlichen Sinne um eine weitere Dimension berührt und damit auch ein zusätzliches Element ins Wohnen mit einbringt - einen neuen Parameter hinzufügt, der vom

Gewöhnlichen abweicht und damit neue Erfahrungen beim Bewohner auslöst. Wie man sich in einem bisher industriell genutzten Turm, der als Lager für Holzspäne diente, einrichtet, mag ein solches Beispiel sein. Am Anfang steht immer die Frage, ob man die Herausforderung annimmt, die sich aus solchen Situationen ergibt. Daß zum Schluß gerade solche ungewöhnlichen Ausgangslagen ein „Wohnexperiment" werden, ist nicht verwunderlich. Planer und Bauherr sind hier zu beiden Seiten gefordert traditionelle oder unreflektierte eigene Haltungen zu hinterfragen und neue Antworten zu finden. Die Anforderung, mit einer Situation auf Grund von neu formulierten Randbedingungen anders umgehen zu müssen und zu einer neuen, ungewöhnlichen Lösung zu kommen, kann auch die Ursache für ein Wohnexperiment werden. Das Stichwort „temporäres Wohnen" an einer Stelle, an der das Haus auch wieder abgebaut werden soll. So geschehen auf dem Flevolandpolder in Almere, wo die Architekten in einem Wettbewerb für ein mobiles, temporäres Bausystem den ersten Preis gewonnen haben. Sie entwarfen ein Gebäude, dessen Leichtigkeit sich in dem minimierten Materialaufwand zeigt, das leicht abzubauen, wieder verwendbar und kostengünstig ist. Dieses Gebäude zu bewohnen ist aber auch durch seine Transparenz nicht jedermanns Sache. Aber wer ist jedermann und zugegebenermaßen bewohnt der Architekt das Haus auch selbst. Aber auch L. Mies van de Rohe mußte sich nach dem Bau des Farnsworth Hauses mit einem Prozeß herumschlagen, da die Bauherrin sagte, man könne dieses Haus nicht bewohnen. Doch die feinen Differenzierungen vom öffentlichen zum privaten Raum, die Gratwanderung zwischen Offenheit und Geborgenheit ist immer grundlegendes Thema im Wohnungsbau. Die Reduktion auf das Minimum, das „Rückbesinnen" auf das ursächlich Notwendige in einer einfachen, aber flexiblen und dadurch variationsreichen Grundrißstruktur kann das Experimentelle thematisieren. Wenn es möglich wird, ohne am

Raum sparen zu müssen und dabei kostengünstig zu sein, so ist sicher auch ein Experiment gelungen. So zeigt es uns der einfache, klar strukturierte Wohnungsbau von Rainer Huchler in Dornbirn.

Die Beschäftigung mit ökologischen Gesichtspunkten, der Versuch dabei aber auch mit seriellen Bauteilen umzugehen und einen angemessenen Einsatz von Low-tech zu betreiben, stellt eine weitere Alternative im sparsamen Umgang mit vorhandenen Ressourcen dar. Wenn die Planung dabei von einer fähigen Hand ausgeführt wird, kann das Ergebnis durchaus auch ein experimentelles Wohnhaus sein. Zwei Beispiele aus Australien sollen dies belegen. Ein Gebäude zu Planen und zu Bauen, heißt Lösungen für komplexe Probleme zu finden. Im Entwurf müssen die verschiedensten Entscheidungsebenen berücksichtigt werden. Anforderungen der Konstruktion müssen mit räumlichen Entscheidungen in Verbindung treten. Finanzielle Erwägungen bedingen Ausführungsentscheidungen und alle Teile müssen sich in einen Realisierungsprozeß fügen lassen. Gerade das Mittel der Konstruktion gibt Planern und Bewohnern die Möglichkeit, kurzfristig bauliche Veränderungen vorzunehmen. Wenn das konstruktive und räumliche Gefüge es ermöglicht, quasi im Selbstbau den Grundriß sich ändernden Bedürfnissen anzupassen, dann ist das Experiment geglückt. Schließlich gibt es noch den Fall, an einem Ort bauen zu müssen, dessen Herausforderung in der räumlichen Enge liegt. So eine Situation - in diesem Fall eingeklemmt zwischen einem bestehenden Haus im Süden und einem steilen Hang im Norden - ist eine Aufgabe, die das Wohnexperiment geradezu thematisiert. Wenn man so eine Situation in eine funktionstaugliche – eben praktische, weil brauchbare – Baustruktur umsetzt, dabei die Ebenen auf kleinster Fläche stapelt und dennoch jedem Raum ganz eigene Qualitäten aus der inneren Struktur und dem Kontext zur Landschaft entlockt, so zeigt sich auch hier ein erfolgreiches Wohnexperiment.

# Wunsch(t)räume oder
# die Utopie in der Architektur

**von Doris Weigel**

Die „konkrete Utopie", wie sie Ernst Bloch verstand[1], die unwillkürlich mit dem Wunsch nach Veränderung im individuellen, gesellschaftlichen und politischen Bereich einhergeht - hat für den politisch Konservativen, der seine Wünsche von vornherein einzig auf seine persönliche Sphäre begrenzt, eine unbedeutende bis gar keine Relevanz. In „Wunschräume und Wunschzeiten" stellt Alfred Doren 1927 als „ungeheure Stoßkraft des marxistischen Sozialismus" die Architekturutopie dar, weil erst durch sie über „den konkreten Inhalt des Systems" hinaus, das zu „kompliziert" und deshalb „nur wenigen wirklich zugänglich" war[2], eine Veränderung zu erzielen sei. Damit erkannte er, daß jede gesellschaftspolitische Veränderung immer auch an räumliche Rahmenbedingungen geknüpft ist, d.h. jede Sozialutopie auch einer Architekturutopie bedarf und umgekehrt. In „Die große Initiative" von 1919 erläutert Lenin, daß der Aufbau des Kommunismus bei der Umgestaltung der „kleinen Hauswirtschaft"[3] zu beginnen habe,

was im Prinzip nichts anderes hieß, als daß fortan nicht mehr in Millionen von Einzelhaushaltungen isoliert gekocht, erzogen und gereinigt werden sollte, sondern daß eine sich verändernde Gesellschaft auch veränderte Familienkerne und veränderte Grade des Gemeinschaftslebens bedurfte.
Die Vorschläge der Kommunistischen Partei Rußlands vom VIII. Parteitag 1919 halten explizit fest: „Die Partei beschränkt sich nicht auf die formale Gleichberechtigung der Frau, sondern ist bestrebt, sie von der materiellen Last der veralteten Hauswirtschaft zu befreien, indem sie diese durch Kommunehäuser, öffentliche Speisegaststätten, zentrale Wäschereien, Kinderkrippen usw. ersetzt.[4] Der Ansatz war klar: eine gesellschaftliche Entwicklung steht im Zusammenhang mit Architekturgestaltung. Dennoch sind die Konzepte der russischen Kollektivwohnanlagen nur vereinzelt ausgeführt worden. Im Gegensatz zum ideologischen Konzept des Kommunehauses, das eine Einschränkung der Privatsphäre zugunsten des Kollektivs durch die Isolierung verschiedener Altersgruppen, Kleinkinder, Schüler und Erwachsener, erzielen wollte, ließ

sich der Hoteltyp, bestehend aus Familienwohneinheiten mit Versorgungseinrichtungen, leichter umsetzen, da es in Europa bereits Vorbilder dafür gab. Pläne von den ersten Utopisten, die eine räumliche Vorstellung entwickelten, stammen aus der Zeit der ersten industriellen Revolution. Um 1830 beabsichtigte Charles Fourier unter sozialreformerischen Aspekten die Städte bereits ganz und gar aufzulösen. Die Bevölkerung sollte in Form von Kommunen in Gemeinschaftshäusern (Phalanstère) wohnen und arbeiten, die mit ca. 400 Familien pro Siedlungseinheit über das Land verteilt sein sollten. Die Anlage, die er mit dem Festungsingenieur Victor Considerant zusammen entwarf, beschränkte sich im Raumprogramm auf eine mehrflügelige Schloßanlage. Zur selben Zeit entwickelte Richard Owen, der bereits erfolgreich eine Baumwollspinnerei als Kommune in New Lenark, Schottland, geleitet hatte, Pläne für eine Gemeinschaftssiedlung, „New Harmony", für ca. 2000 Personen auf der Basis einer „Selfsupporting Home Colonie", die er 1841 in London publizierte. 1859 entwickelte auch der Fabrikant J. B. Godin in Guise auf der Basis einer Industrieproduktion die sogenannte „Familistère". Das viergeschossige Gebäude, das nach einer Modernisierungsphase heute wieder bewohnt ist, besteht aus einem mit Glas überdachten Innenhof, von dem aus Galerien zur Erschließung der Einzelwohnungen verlaufen. Allen Projekten gemeinsam war die Einrichtung von Dienstleistungszentren, die das kollektive Wohnen als gemeinsame Bewältigung von gleichen Alltagsbezügen erleichtern sollten. Dazu zählt vor allem die zentralisierte Hauswirtschaft in Form einer Gemeinschaftsküche. Diese Idee wurde um 1900 unter dem Aspekt des „Collective Housekeeping"[5] weiterentwickelt und in der Einküchenhausanlage Homesgarth in der Gartenstadt Letchworth 1903 umgesetzt, die auch als Vorbild für das erste städtische Einküchenhaus in Kopenhagen 1906 diente. Dabei handelt es sich

*Wohnheim Matznergasse, Wien 1996*

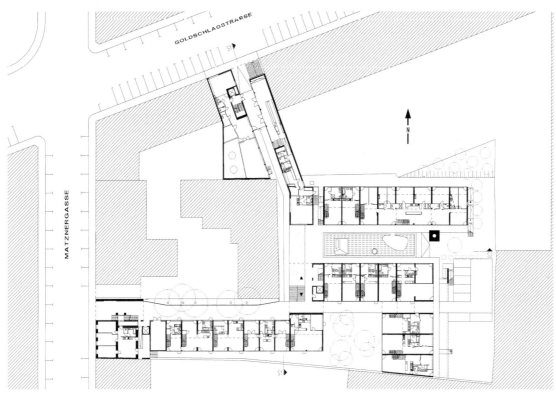

*Wohnheim Matznergasse, Wien Grundriß Erdgeschoß, M. 1:1000*

um ein Mietshaus, dessen Service eine Zentralküche, Hausreinigungspersonal und ein dem Betrieb angeschlossener Kindergarten als „freie Dienstleistungseinrichtungen", im Gegensatz zum Gemeinschaftsgedanken der Gartenstadtbewegung[6], angeboten werden sollten. Daß diese Wohnform zu diesem Zeitpunkt weniger eine sozialreformerische, als eine wirtschaftliche Komponente vertrat, erklärt sich aus dem Umstand, daß sie sich in erster Linie an eine aufgeklärte Oberschicht wendete, die von der Abwanderung der Dienstboten in die aufstrebenden Fabriken betroffen waren. Dem Kopenhagener Vorbild folgten 1909 in Berlin fünf Einküchenhäuser auf kapitalistischer Mietshaus-Basis, was soviel hieß, daß sie unternehmerisch als „Städtische Mietshäuser" geführt wurden von der zu diesem Zweck gegründeten „Einküchenhaus - Gesellschaft der Berliner Vororte GmbH"[7]. In einer von diesem Unternehmen herausgegebenen Broschüre deklarierte sich diese als „Verwirklichung zu einer neuen Heimkultur", um zur Reform des Hauswirtschafts- und Erziehungswesens und der Erwerbstätigkeit der Frau beizutragen. Generell wurde die Diskussion über das Einküchenhaus als alternative Wohnform unter gesellschaftspolitischen Aspekten geführt,

da die Frage zur Haushaltsführung die Rolle der Frau und ihrer Stellung in der Gesellschaft berührte. Ein Gedanke, der auf dem Arbeiterschutzkongreß 1897 in Zürich von der Sozialdemokratin Lily Braun propagiert wurde. Sie forderte eine Entlastung der Arbeiterfrauen, die aus materiellen Gründen zur gewerblichen Arbeit gezwungen waren und dabei der Doppelbelastung durch Familie und Haushalt ausgesetzt waren.[8]

Die in der Zwischenkriegszeit in Europa entstandenen Werkbundsiedlungen, u. a. 1927 als Versuchssiedlung auf dem Weißenhof bei Stuttgart und 1932 in Wien, treten mit sozialreformerischen Ansprüchen zurück. Es dominiert, bis auf wenige Ausnahmen, das Siedlungshaus, wenn auch im neuem Grundrißkonzept als Einraum.[9] Weiterreichende Reformen gingen von einer Gruppe von Architekten aus, die sich 1928 in La Sarraz, Schweiz, zusammenschlossen, um den CIAM (Congrès Internationaux d'Architecture Moderne) zu gründen, der bis 1957 bestehen sollte. Sie stellten die Vernetzung von Sozialstruktur, Stadtplanung und Wohnungsbau in den Vordergrund ihrer Überlegungen. Die auf Initiative des CIAM 1929 entwickelte „Wohnung für das Existenzminimum" beschreibt einerseits die, inflationären Zustände

der Zwischenkriegszeit; andererseits wurde damit die Erforschung neuer Standards im Wohnbau vorangetrieben, um die sich verändernden gesellschaftlichen Zusammenhänge – Berufstätigkeit der Frau und zunehmende Individualisierungstendenzen – Rechnung zu tragen. 1931 wurde der Typus des Boardingshouse auf der Deutschen Bauausstellung in Berlin unter Berücksichtigung verschiedenster Grundrißtypen vorgestellt, u. a. als „Wohnung für den alleinstehenden Mann", „die ledige Frau", „Wohnung für zwei Frauen", für „ein Ehepaar" und für „den geistigen Arbeiter". Neben den unterschiedlichen Wohnungstypen trugen diverse Gemeinschaftseinrichtungen, aber auch ein Restaurant, dazu bei, den Einküchenhausgedanken der Vorkriegszeit unter Berücksichtigung sich verändernder Gesellschaftsstrukturen neu zu beleben. Das Vorbild dafür war das Palmerhouse in Chicago, das von Holabird und Roche 1924-26 geplant wurde. Spezifisches Kennzeichen dieser Wohnform, bei dem die eigentlichen Wohngeschosse zwischen dem 10. und 23. Stock lagen, war die Öffentlichkeit der Wohnhausanlage, in deren Mittelpunkt die „Lobby" im Erdgeschoß kommunikativer Sammelpunkt von Menschen war, die die

*Wohnheim Matznergasse, Innenhofansicht*

diversen Einrichtungen - Restaurant, Espressobar, Telefonanlagen, Bibliothek und Geschäfte - benutzen konnten, ohne daß sie Bewohner des Hauses waren.

Die Zeit des Nationalsozialismus unterbrach diese progressive Entwicklung alternativer Wohn- und Lebensformen. Die nationalsozialistische Ideologie verfolgte die moralische Erneuerung der Familie und explizit das Herausstellen der Funktion der Frau als Mutter und Hüterin des Heimes.[10] Unmittelbar nach dem zweiten Weltkrieg gelingt es dem Mitbegründer des CIAM, dem Architekten Le Corbusier,1946-52 die „Unit, d'habitation" (Wohngemeinschaft) am Boulevard Michelet im von deutschen Bombern zerstörten Marseille zu verwirklichen.

Das bis dahin größte Wohnhausprojekt Europas bringt auf 17 Wohngeschossen 337 Wohnungen in einem Block von 137 m Länge, 24 m Breite und 56 m Höhe unter. Der Wohnblock, der in einem Park liegt, ist im Erdgeschoß als durchgehende offene Zone gestaltet, die auf 2 Reihen Betonstützen, den sogenannten Pilotis, steht. Im Inneren entwickelt der Bau räumliche Gestaltungsvielfalt, worin sich das eigentliche Konzept widerspiegelt. Dazu zählen nicht nur die prinzipiell zweistöckigen Wohneinheiten mit Loggia, bei denen

ein 5 m hoher Wohnraum mit einer 15 m$^2$ Glaswand an ein nur 2,26 m hohes Galeriegeschoß gekoppelt ist. Sondern das eigentliche Experiment dieses Miethauskomplexes ist die Anordnung einer internen Einkaufsstraße mit Geschäften und Cafés, die vom Erdboden weg in das Gebäude verlegt wurde.

Neben den sonstigen Gemeinschaftseinrichtungen bildet somit die innere Straße die wichtigste Kommunikationsschiene für die Bewohner des Hauses – im Unterschied zu den „Stockwerken der Wolkenkratzer, die der einsamste Platz der Welt" seien, wie es Le Corbusier selbst formuliert hat.[11] Sigfried Gideon, Architekturkritiker und Generalsekretär des CIAM, nimmt diesen Bau zum Anlaß, in seinem 1956 erschienenen Buch die Entwicklungsstufen von „Architektur und Gemeinschaft" vorzuführen und dabei die Vorzüge des Hauses treffend zu charakterisieren: „In diesem Bau hängt es also vom Bewohner ab, ob er eine verlorene Nummer bleiben will – das normale Schicksal in einer großen Stadt – oder ob er einen Teil seiner Freizeit verwendet, um ihn mit anderen zu teilen."[12] War bis dahin

die theoretische und experimentelle Durchdringung des Problems der Kollektivwohnhäuser auf verschiedene Kombinationen von traditionellen Wohnungen mit Elementen der gesellschaftlichen Versorgung beschränkt, setzte Le Corbusier mit der Unit, d'Habitation einen Schritt darüber hinaus in Richtung einer Architekturauffassung, die die Probleme des Zusammenlebens in den Städten heute stärker denn je bestimmt: der Kommunikation untereinander.[13]

Das jüngste Wiener Kultur- und Wohnprojekt auf dem Gelände einer ehemaligen Sargfabrik im Stadtteil Penzig setzt ebenfalls auf Kommunikation im Wohnbau. Damit dieses „Stück gebaute Utopie"[14] realisiert werden konnte, konstituierte sich der gemeinnützige „Verein für integrative Lebensgestaltung". Nachdem das Projekt dann offiziell noch als „Wohnheim" umdefiniert wurde, war es rechtlich erst möglich, staatliche Subventionen für die Planung von öffentlichen Einrichtungen und Gemeinschaftsanlagen zu beantragen. Somit sind die Vereinsmitglieder heute gleichzeitig Heimbewohner, was dem Kollektivgedanken förderlich ist, bei dem auch ein finanzieller Ausgleich zugunsten ökonomisch Schwächergestellter angestrebt wird.

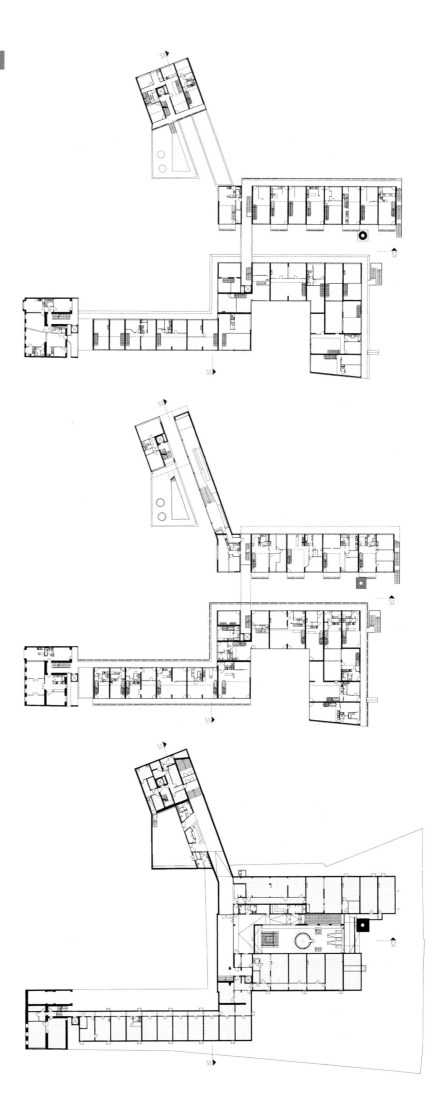

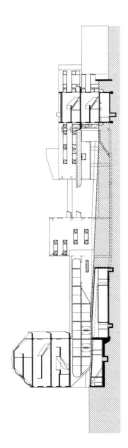

*Wohnheim Matznergasse,*
*Wien Grundrisse, M. 1:1000*
*von oben nach unten:*
*Grundriß 3. Obergeschoß*
*Grundriß 2. Obergeschoß*
*Grundriß Kellergeschoß*
*Mitte links: Querschnitt Gesamtanlage*

Durch die in dem Projekt integrierten öffentlichen Dienstleistungseinrichtungen, die teilweise vom Verein selbst verwaltet werden oder verpachtet sind (dazu zählen ein Café-Restaurant, Badehaus, Veranstaltungsräume, Organisationsbüro und Kindergarten), ist es gelungen, neue Arbeitsplätze zu schaffen und die Kommunikationsmöglichkeiten auf den Wohnbezirk auszuweiten. Das gesamte Areal mit einer Grundstücksfläche von 4700 m², das von dem Architektenkollektiv BKK-2 geplant wurde, umfaßt eine Nutzfläche von 7900 m², auf die 2400 m² als Gemeinschaftsanlagen und 5500 m² als Wohnraum verbaut wurden. In den 73 Wohneinheiten, die über Laubengänge direkt erschlossen sind, sind 169 Heimplätze untergebracht. Jede Wohneinheit besteht aus einer 45 m² großen, zweigeschossigen 4,80 Meter hohen Box, die nur durch den Versorgungsschacht und durch die interne Treppenanlage fixiert ist, die sich dabei aber jederzeit addieren läßt.[15] Gegenüberliegende Fensterbänder bilden Sichtachsenkontakt über die unmittelbare Umgebung hinaus, die von den Heimbewohnern zum gesellschaftlichen Prinzip erhoben wird, das nicht auf Abschottung, sondern auf Kommunikation setzt. BKK-2, die sich mit dem „Verein Evangelisches Studentenheim" in Linz schon zuvor für Mitbestimmungsprojekte eingesetzt haben, interessiert der Gemeinschaftsgedanke in der Architektur und wie er erzeugt werden kann. „Jeder sagt, o.k., der öffentliche Platz ist weg, man setzt sich vor den Fernseher. Die Entwicklung geht in Richtung totale Individualisierung, jeder für sich allein. Und da versuchen wir entgegenzuarbeiten. Wir haben das Gefühl, Gemeinschaft ist etwas wichtiges. Dafür muß man was tun."[16]

Damit scheint dieses Wohnprojekt das progressivste Stück Architektur, zumindestens für Wien, zu sein, dem sich Stadtplaner künftig stellen müssen. Wie dieses Projekt zeigt, wird die alte Form der Familie und der Nachbarschaft zunehmend durch eine Zirkelbildung der Interessensgemeinschaften abgelöst werden. Dabei spielen einerseits eine stärkere soziale Durchmischung der Bewohner eine Rolle; andererseits sollte die Verknüpfung mit neuen Technologien als Informationspool nicht unterschätzt werden. Beispielsweise indem öffentlich genutzte Zonen in Wohnprojekten integriert als Medienraum u. a. für Telearbeit und gleichzeitig als Gemeinschaftsküche fungieren könnten und so einen Bereich darstellen können, in dem beispielsweise ein arbeitsloser Wohnungswerber Beschäftigung und Weiterbildung finden kann.

*„Der Stadtplaner, der auf der Seite des Humanisierungsprozesses steht, hat zuerst die Frage zu beantworten: Wie soll die Struktur einer heutigen Stadt aussehen, um das gestörte Gleichgewicht zwischen individueller Freiheit und kollektiver Bindung wiederherzustellen? Ausgangspunkt bildet die differenzierte Siedlung, die auf die verschiedenartige gesellschaftliche Struktur und die verschiedenartigen Verhältnisse Rücksicht nimmt. Dadurch bilden sich neue Wohntypen und eine neue soziale Implementierung des menschlichen Habitats... Sehen wir die Stadt als den Ort, in dem individuelle und kollektive Sphären sich treffen, so ist das Kennzeichen wirklicher Städte das Verhältnis zwischen dem ICH und dem DU. Es ist diese Ich- und Du-Beziehung, die heute wieder angebahnt werden muß. Keine Maschine kann körperliche Nähe ersetzen, weder Telefon, noch Radio, noch Fernsehen."*
*Siegfried Giedeon, 1956*[17]

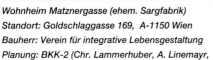

*Wohnheim Matznergasse (ehem. Sargfabrik)*
*Standort: Goldschlaggasse 169, A-1150 Wien*
*Bauherr: Verein für integrative Lebensgestaltung*
*Planung: BKK-2 (Chr. Lammerhuber, A. Linemayr,* *F. Sunnitsch, F. Wallnöfer, J. Winter, E. Wurster)*
*Baubeginn: April 1994*
*Fertigstellung: Juli 1996*
*Nettobaukosten: ca. 18 Mio. DM*

# Neues Wohnen

## von Helmut Wimmer

Die Forderung der Moderne: „Jede Generation baut sich ihre Welt neu" hat sich als Utopie erwiesen. Die Dauerhaftigkeit von Bauten ist eine Notwendigkeit, die unter ökonomischen und ökologischen Gesichtspunkten heute immer schwerwiegendere Bedeutung gewinnt. Zudem wäre es illusorisch, auf eine Beweglichkeit der Mieter zu hoffen. Ein Umzug in eine andere Wohnung, die den veränderten Wohnbedürfnissen entspräche, scheitert an der Wohnungsnot in den Städten. So tritt die Anpassungsfähigkeit der Wohnungen an veränderte Wohnbedürfnisse nicht nur im Tagesverlauf, sondern auch im Verlauf des Lebens einer Familie, heute wieder in den Vordergrund.

Die Wohnung ist ein Raum, der erobert werden muß, der entsprechend den eigenen Vorlieben und Notwendigkeiten geschaffen wird. Für einen Bewohner muß die Wohnung die Möglichkeit zu „sozialem Ausdruck" bieten, sie sei „sein Instrument der Selbstverwirklichung".
Der Gebrauch ist nicht nur eine Frage der Funktion, sondern ebenso eine Frage der Ästhetik: Die Räume sollen den Charakter des Bewohners tragen. Das teils angewandte System des partizipatorischen Bauens heißt, die Wohnungen auf individuelle Wünsche der Bewohner zuzuschneiden. Doch der Wandel innerhalb der Bewohnerschaft führt diese Maßschneiderei in kürzester Zeit ad absurdum. Eine Momentaufnahme ohne Langzeitdenken. Ein späterer Umbau ist sehr aufwendig und kostenintensiv. Das heißt, die Forderung nach Flexibilität der Wohnungsgrundrisse ist gegeben.
Das Thema Flexibilität von Wohnungsgrundrissen ist in den verschiedensten Formen vielfach erörtert und experimentell erprobt worden. Das selten angewandte Konzept demontierbare Zwischenwände zu bauen, ist gescheitert. Hier konnte stets ein „Versagen" des Mieters konstatiert werden, der offenbar „unfähig" ist, seine Wohnung selber zu gestalten. Der Einzelne ist aber sehr wohl in der Lage, seine Umgebung frei zu gestalten; jeder richtet

gerne sein Zimmer selber ein und deshalb sollten Zimmer möglichst frei von Fixierungen sein. Eine Familie aber ist eine Gruppe von Einzelpersonen mit manchmal nicht einfachen Beziehungen. Sie ist kein harmonisches Gebilde. Auch die glückliche Familie beruht auf einem Waffenstillstand, der unter den erschwerenden Bedingungen rasch heranwachsender und so das Kräfteverhältnis verschiebender Kontrahenten aufrechterhalten werden muß. Ihr Friede beruht auf dem Status quo, und dazu gehört die Gegebenheit der Wände. Um diesen Waffenstillstand einzuhalten, benötigt man auch das Gleichbleiben der Raumaufteilungen. Da kann eine Wand noch so demontabel sein wie sie will. Es wird außerordentlich schwer sein, der Tochter zu sagen, wir versetzen jetzt die Wand einen Meter nach links, damit du vier Quadratmeter weniger hast, du bist ja seltener zu Hause; dein Bruder aber hat jetzt angefangen zu studieren und braucht vier Quadratmeter mehr. Nun hebt mal alle die Wand hoch und wir verschieben sie. Das gibt natürlich einen riesen Krach. Eher lebt man einige Zeit unbequem, hat ein weniger genutztes Zimmer und hält das dynamische Gleichgewicht der Gruppe noch eine Weile aufrecht, als daß man es durch eine Veränderung gefährdet. Außerdem ist die Versetzung von Zwischenwänden eine sehr kostspielige und mühselige Angelegenheit. Flexibilität in den Wohnungen ist nicht mehr eine Frage der vorzeitigen Beteiligung am Baugeschehen, der Veränderbarkeit von Zwischenwänden durch Bausysteme und Ausstattung, sondern muß eine Frage der Anordnung der Räume und der Disposition der Grundrisse werden. Verhaltenspsychologisch gesehen ist nicht nur Flexibilität, sondern auch Fixierung ein Bedürfnis. Es gibt nichts flexibleres als ein Spielfeld. Fußball oder Tennis spielen kann man aber erst, nachdem gewisse Festlegungen getroffen worden sind. Man hat viel über die „Nichtnutzung" der Flexibilität geschrieben und geglaubt, diese sei ein Erziehungsmanko, die Leute müssen lernen, sich die Wohnungen verändert vorzustellen. Damit ist man auf der falschen Spur. Vielmehr müßte man nachdenken über

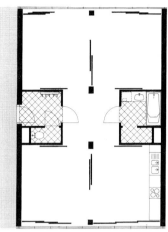

*Grieshofgasse, 1993-1996, M. 1: 200*

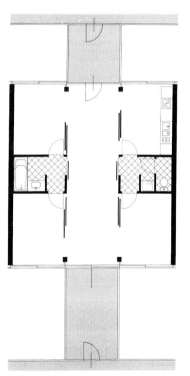

*Donaufelderstraße, 1994-1998*

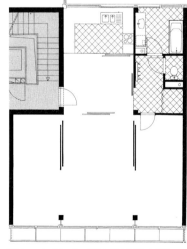

*Wulzendorfstraße, 1994-1996, M. 1:200*

14

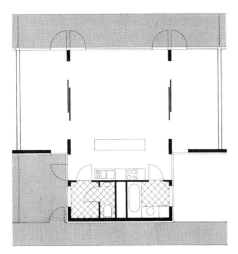

*Koppstraße, ab 1994, M. 1:200*

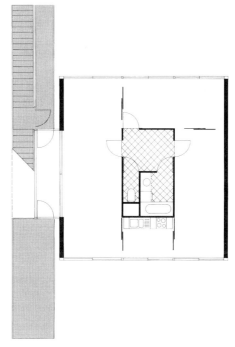

*Kanalstraße, 1995-1997, M. 1:200*

die Beziehung zwischen Grundriß und Familie und über die Rolle, die die Gegebenheit des Grundrisses bei der Interaktionsstruktur spielt. Eine Lösung sind gleichwertige und damit mehrfach benutzbare Räume, um eine Servicezone gruppiert. Mehr zeigen diese Grundrisse nicht. Die gleichwertigen Räume grenzen an einen Zentralraum um ein Zentrum, das gewissermaßen zum Ort der idealisierten Familie wird. Jeder Raum hat eine mehrfache Nutzbarkeit und gleichzeitig eine mehrdeutige Position im Gefüge des Grundrisses.

Das System definiert nicht, was Wohn-, Eßzimmer oder Elternzimmer ist. Erst im Gebrauch gewinnen die Räume ihre Bedeutung, werden zu Wohn-, Schlaf- und Arbeitsräumen. So wird eine Ansammlung gleichwertiger Räume zu einer Struktur bewußter Zuordnungen und Bedeutungen. Mit geringen Mitteln, durch Schiebewandkonstruktionen können die funktionsneutralen Räume miteinander verbunden oder unterteilt werden, wobei die architektonische Qualität des Raumes erhalten bleibt. Die Gleichwertigkeit der Räume ist Ausdruck der Gleichbehandlung aller Bewohner, ob Frau, Mann oder Kind.

Die interpretierbare, aber festgelegte Struktur erleichtert vorübergehendes Wohnen, da die Anpassung an den jeweiligen Nutzer keine umfangreichen Umbauarbeiten erfordert.

Die flexible Nutzbarkeit und Schaltbarkeit der Räume mittels Schiebewände bietet eine Grundlage für unterschiedliche Lebensweisen.

Dieses System macht es möglich, jeden der Bewohner aktiv an der Manipulierung und Veränderung der inneren Durchblicke und Räume zu beteiligen. Durch die individuelle Positionierung der verschiedenen Wände können nach Belieben Räume entstehen oder verschwinden. So gibt es keine Erst-Flexibilität, sondern eine permanente Flexibilität.

In der direkten Begegnung mit dem Innenraum verändert die Architektur unsere Lebensweise. Wir sehen darin auch eine gewisse pädagogische Funktion, einen Beitrag zur Persönlichkeitsbildung des Bewohners.

*Innenräume Wulzendorfstraße*

# 2 Projekte

# Raum – Plan – Gefüge

- Gestalt
- Architektur der Dichte
- Gemeinschaft

# Gestalt

# Wohnen im Späneturm

| | |
|---|---|
| Objekt: | Umbau eines Späneturms zur Wohnung |
| Standort: | Fellbach bei Stuttgart |
| Architekten: | Fritz und Elisabeth Barth, Philipp Janak, Fellbach |
| Nutzfläche: | 88 m² |
| Umbauter Raum: | 764 m³ inkl. Außenwände |
| Kosten: | ca. 170.000,- DM |

### Ausgangslage

Ein Wunschtraum wie ihn, meist in jungen Jahren, Architekten erträumen, wurde in Fellbach Realität. Ein gigantisches Industriegebäude, ein mit Rauchabzügen über 25 Meter hoher Späneturm, wurde zum Wohnhaus eines jungen Architekten. Dieses Experiment zeigt, daß nicht mehr brauchbare Industriebauten zu günstigem Preis umfunktioniert werden können. Das Gewerbegelände befindet sich im Randgebiet der Kleinstadt Fellbach, in Stuttgarter Nähe.

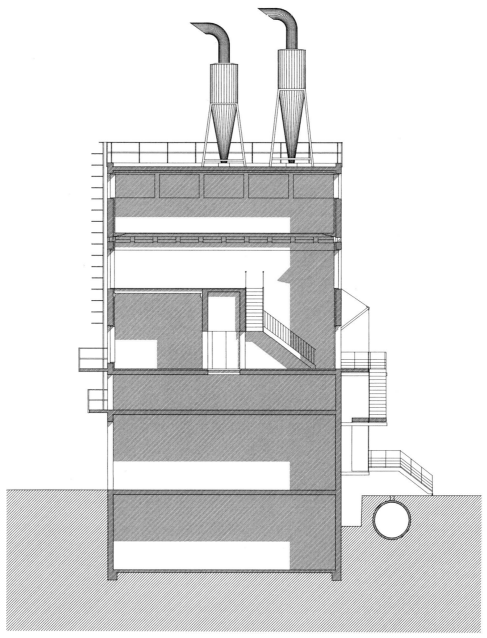

*Längsschnitt, M. 1:200*

Der Späneturm diente bis vor wenigen Jahren einer Baufirma zur Lagerung von Sägespänen, die bei der Fabrikation von Fertigteilen anfielen und als Heizmaterial wieder verwendet wurden. Als der Betrieb wegen der neu eingeführten Umweltbestimmungen auf Ölheizung umstellen mußte, wurde der Späneturm stillgelegt.
Wäre nicht sein Eigentümer, der Architekt Barth, auf die Idee gekommen, den Bau zur Wohnung umzunützen, wäre dieser, vor seinem sicheren Verfall, in den nächsten Jahren abgerissen worden.

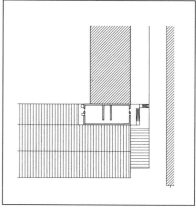

*Lageplan, M. 1:1000*

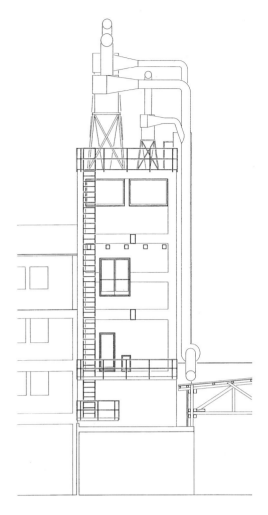

*Ostansicht, M. 1:200*

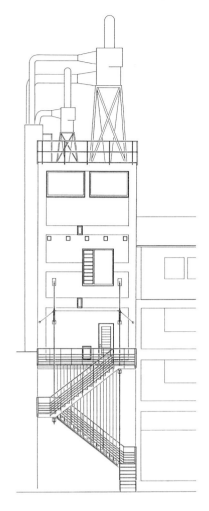

*Westansicht*

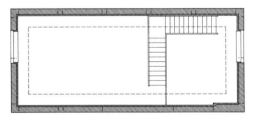

*Grundriß Galerie, Wohnen und Arbeiten*

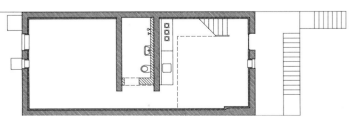

*Grundriß Eingangsniveau, Essen, Kochen, Bad und Schlafen*

### Der Entwurf

Diese besondere Entstehungsgeschichte beginnt, als der junge Architektur-Diplomant Philipp Janak seinen Arbeitgeber Fritz Barth von seiner Wohnungssuche in Kenntnis setzt. Als der Architekt ihm das Angebot macht, den Späneturm nach eigenen Vorstellungen zur Wohnung umzubauen, verbindet der Student mit Begeisterung das Projekt seiner zukünftigen Bleibe mit der anstehenden Diplomarbeit. Er erhält von dem Stuttgarter Professor Peter Hübner die Erlaubnis, das Projekt „Umbau eines Späneturms - Entwurf und Ausschreibung" als Sonderthema zur Prüfung vorstellen zu können.

Der Entwurf lag auf Grund des beeng-
ten Spielraumes relativ schnell fest.
Der zwischen Lagerhallen eingekap-
selte Späneturm ist in den unteren Geschossen durch Zwischendecken und
Wände stark verbaut, konnte aber im
oberen, fast 11 Meter hohem, Volumen gut genützt werden. Wo vorher
eine Leiter stand, führt eine Stahltrep-
pe auf 6,80 Meter zum Eingang. Der
drei Etagen hohe Innenraum wurde auf
zwei Geschosse aufgeteilt.
In der 5,30 x 12,0 m großen Fläche
befinden sich auf dem Eingangsniveau
der Koch- und Eßbereich, zwischen
zwei vorhandenen Betonschotten das
Bad und dahinter der Schlafraum. Auf
der eingefügten Galerie, der höchsten
und hellsten Zone des „Hauses", wird
gewohnt und gearbeitet. Die winkelför-
mige Treppe, die über 4,40 m hinaufführt, ist eine reine Holzkonstruktion.
Da der einzige geschlossene Raum (er
befindet sich in der Eingangs-ebene)
als Schlafzimmer gewählt wur-de,
weicht der Grundriß gezwungenermaßen vom üblichen Schema ab.

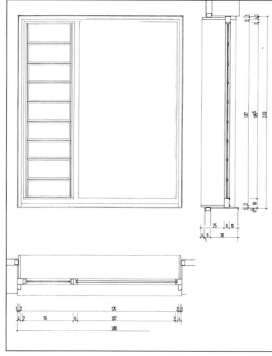

*Neues Fensterelement, M. 1:40
Ansicht-Grundriß-Schnitt
Rahmen mit Falz zur Aufnahme
der Festverglasung und der
Hahnglaslamellen S91,
Isolierverglasung,
Oberlichtöffner mit Kurbel-
Getriebe und Zugstange*

## Die Belichtung

Der bestehende Fensterkranz unterhalb der Traufhöhe sorgte für ausreichende Belichtung, ermöglichte aber keinen Ausblick. Hinsichtlich des knappen Budget verzichtete man auf umfangreiche Durchbrüche der Außenmauern und beschränkte sich auf zwei zusätzliche Fensteröffnungen. Sie befinden sich auf Galeriehöhe in den entgegengesetzten Querfassaden. Sie ermöglichen nach Süden den Ausblick Richtung Stuttgart und nach Norden übers Remstal Richtung Waiblingen. Bereits vorhanden waren die Öffnung der Eingangstür und des danebenliegenden Fensters auf Fußhöhe, das vom Eßtisch den Blick nach außen ermöglichte. Auch die kleinen quadratischen Öffnungen unter dem eingefügten Holzgesims existierten und dienten der Belichtung und Durchlüftung. Sie wurden mit durchsichtigen Glasbausteinen geschlossen.

## Innenausbau und Kosten

Im Ausbau findet man die gleiche selbstverständliche Geradlinigkeit des Gesamtentwurfes. Die Eingriffe sind formal aufs Nötigste reduziert. Grundsätzlich lebt die warme Innenraumatmosphäre von den verwendeten unbehandelten hellen Sperrholzplatten, die bis auf Gesimshöhe komplett die Umfassungswände verkleiden. Dahinter befindet sich eine 6 cm dicke Innendämmung aus Steinwolle. Die Kosten dieser an sich schon sehr preiswerten Lösung wurden durch die Minimierung des Verschnittes noch günstiger. Die 24 cm dicken Platten wurden bis auf wenige Ausnahmen in ihrem seriellen Format verwendet. Nach dem selben Verfahren sind die grauen Heraklitplatten im oberen Turmbereich angebracht. Sie befinden sich über einem kräftigen Holzgesims (aus geschichteten verschieden dicken Sperrholzplatten), das die Vertäfelung abschließt. Der grau verkleidete Abschlußkranz läßt den Raum aufatmen und reduziert optisch seine Höhe. Durch diesen gekonnten Materialwechsel wird der schachtartige Charakter des Turmes aufgebrochen, sein Wesen jedoch nicht versteckt. Die Bodenbeläge und die Galeriekonstruktion, die Treppe, Fenster und Türen sind aus preiswertem Fichtenholz.

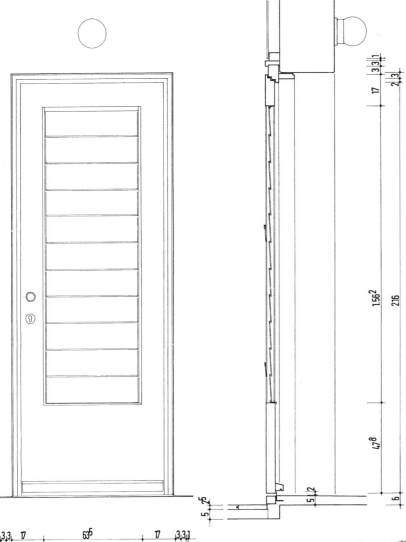

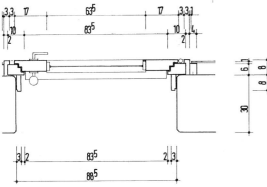

## Feinarbeit

Auch die Feinarbeit kommt aus der seriellen Industrieproduktion, aber die Elemente werden anders als für die vorgesehenen Aufgaben verwendet. Es handelt sich im wahrsten Sinne um preisgünstigen „High-tech". Die Lichtschalter bestehen aus Unterlegscheiben, Klingelknöpfen und Steckdosen aus gestanztem Stahlblech mit einem Kunststoff–Innenteil aus dem Technolumen–Programm. Im Bad wurden auf die Wasserhähne rote und schwarze Schalthebelknöpfe angeschraubt.

*Außentür, M. 1:20,*
*Ansicht, Grundriß und Schnitt,*
*Blockrahmen aus Kiefer, dreiseitg umlaufend,*
*Schwelle aus Stahlprofil L 50/40/4,*
*Türblattrahmen, Kiefer mit Glasfüllung,*
*bestehend aus Hahnglaslamellen*
*System Naco*

*Eingangstür mit Fenster*

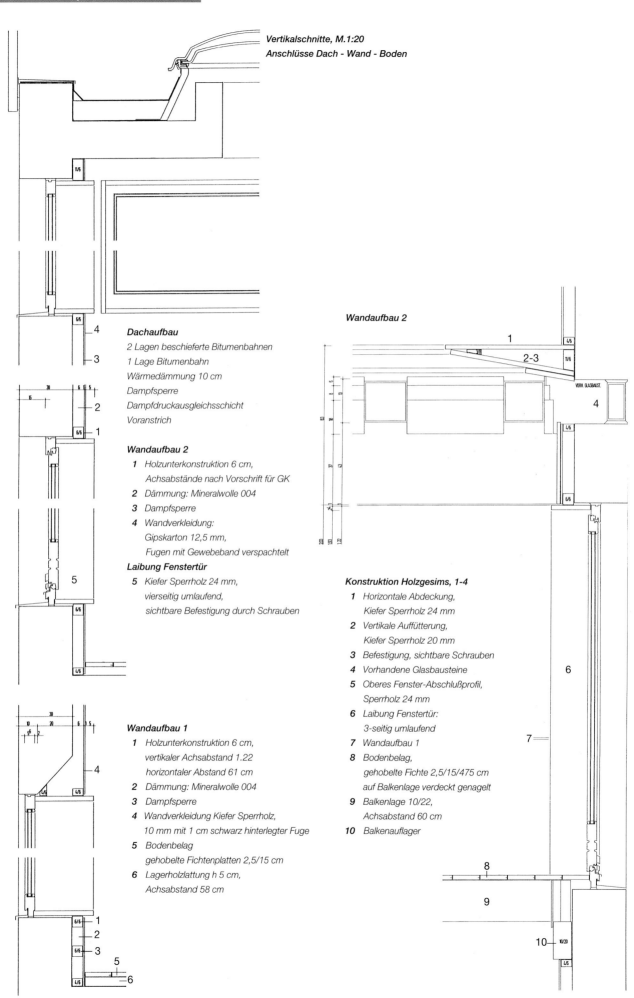

*Vertikalschnitte, M.1:20*
*Anschlüsse Dach - Wand - Boden*

### Dachaufbau

2 Lagen beschieferte Bitumenbahnen

1 Lage Bitumenbahn

Wärmedämmung 10 cm

Dampfsperre

Dampfdruckausgleichsschicht

Voranstrich

### Wandaufbau 2

1 Holzunterkonstruktion 6 cm,
   Achsabstände nach Vorschrift für GK

2 Dämmung: Mineralwolle 004

3 Dampfsperre

4 Wandverkleidung:
   Gipskarton 12,5 mm,
   Fugen mit Gewebeband verspachtelt

### Laibung Fenstertür

5 Kiefer Sperrholz 24 mm,
   vierseitig umlaufend,
   sichtbare Befestigung durch Schrauben

### Wandaufbau 1

1 Holzunterkonstruktion 6 cm,
   vertikaler Achsabstand 1.22
   horizontaler Abstand 61 cm

2 Dämmung: Mineralwolle 004

3 Dampfsperre

4 Wandverkleidung Kiefer Sperrholz,
   10 mm mit 1 cm schwarz hinterlegter Fuge

5 Bodenbelag
   gehobelte Fichtenplatten 2,5/15 cm

6 Lagerholzlattung h 5 cm,
   Achsabstand 58 cm

### Wandaufbau 2

### Konstruktion Holzgesims, 1-4

1 Horizontale Abdeckung,
   Kiefer Sperrholz 24 mm

2 Vertikale Auffütterung,
   Kiefer Sperrholz 20 mm

3 Befestigung, sichtbare Schrauben

4 Vorhandene Glasbausteine

5 Oberes Fenster-Abschlußprofil,
   Sperrholz 24 mm

6 Laibung Fenstertür:
   3-seitig umlaufend

7 Wandaufbau 1

8 Bodenbelag,
   gehobelte Fichte 2,5/15/475 cm
   auf Balkenlage verdeckt genagelt

9 Balkenlage 10/22,
   Achsabstand 60 cm

10 Balkenauflager

## Die Außentreppe

Diese Treppe führt im Außenbereich über 6,80 Meter Höhe auf das Eingangsniveau der Wohnung. Auf eine normale Gründung mußte verzichtet werden, weil ein Öltank im darunterliegenden Erdbereich nicht entfernt werden konnte. Die Architekten entschieden sich deshalb für eine abgehängte Stahlkonstruktion. Die Betonfertigteiltreppen liegen auf doppelten C-Profilen auf. Diese Stahlträger sind auf der einen Seite direkt an die Betonfassade angeschraubt und werden außen durch Unterlagscheiben von abgespannten Seilen gehalten. Um am Eingang einer kleinen Terrasse Platz zu lassen, laufen die zweite und dritte Treppenrampen mit 60 cm, parallel zur Fassade  Abstand von der Wand. Die Zutrittsrampe stellt sich hingegen quer dazu, um die Grünfläche mit dem darunterliegenden Öltank zu überbrücken. Während die Außengeländer aus horizontalen und vertikalen Flachstahlprofilen bestehen, wiederholt sich in der Mitte zwischen den beiden Haupttreppenläufen das Thema der Seile. Vertikal von der Terrasse bis zur unteren Treppe abgespannt, schützen sie beide Läufe, auf platzraubende und aufwendigere Geländerkonstruktionen konnte somit verzichtet werden.

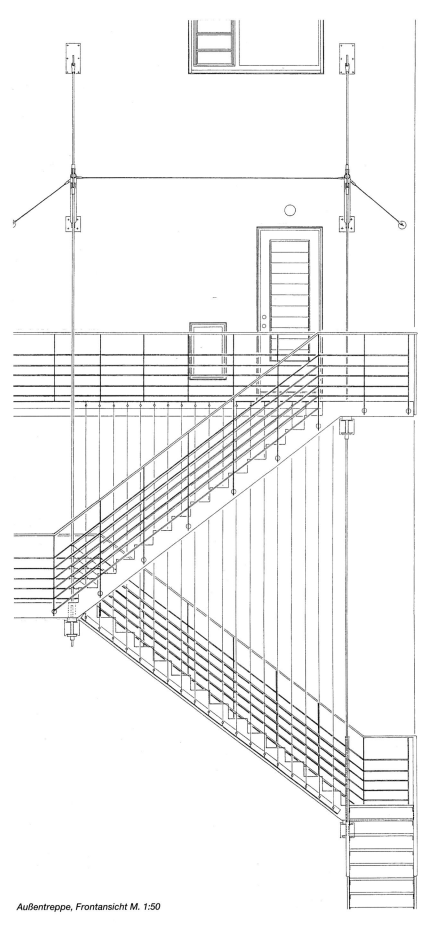

*Außentreppe, Frontansicht M. 1:50*

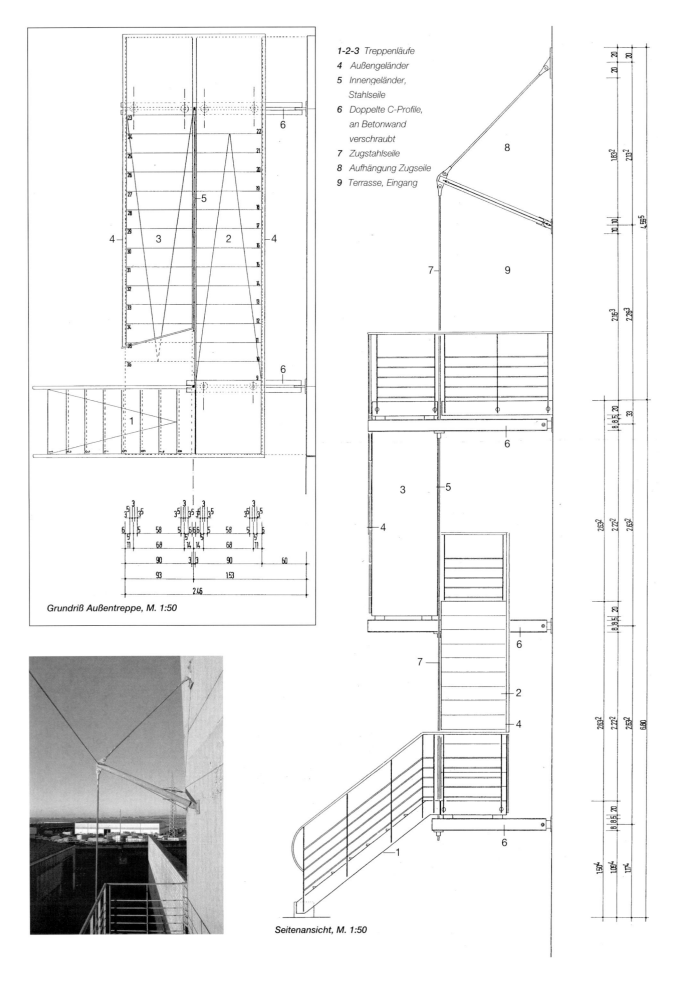

1-2-3 Treppenläufe
4 Außengeländer
5 Innengeländer,
   Stahlseile
6 Doppelte C-Profile,
   an Betonwand
   verschraubt
7 Zugstahlseile
8 Aufhängung Zugseile
9 Terrasse, Eingang

Grundriß Außentreppe, M. 1:50

Seitenansicht, M. 1:50

Detail Querschnitte
Außentreppe
-Eingangsebene
-Balkon und Treppenlauf
 M. 1:20

links Originalausbau
rechts nach der Renovierung

1  Handlauf,
   in die Wand gedübelt,

2  Gehbelag auf Beton,
   4-5 cm mit 1% Gefälle
   Bestehender Balkon, 16 cm

3  **Geländer**
   Vertikal Flachstahl 8/35
   Horizontal Rundstahl ø 18
   Befestigung über
   Stahlscheiben ø 60 mm
   d=5 mm in den Lauf gedübelt

4  Bürkle Fertigteillauf B45,
   Hüllwellrohr ø 100 mm

5  **Stahlwinkel**
   L-Profil 100/50/10
   Länge 5500 mm;
   Bohrungen ø 10
   Spanndraht ø 2,5 mm
   + Klemmen
   Schraubbolzen M 10;

6  Stahlwinkel,
   L-Profil 100/50/10

7  Träger, doppeltes C-Profil
   160/60 an Betonwand
   geschraubt

8  Aufhängungsstab ø 24 mm

9  Unterlegscheibe ø 130 mm

10  Gewindehülse ø 50,
    L= 200 mm, Bohrungen M 24

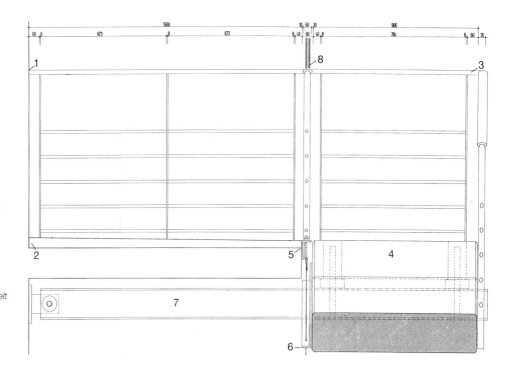

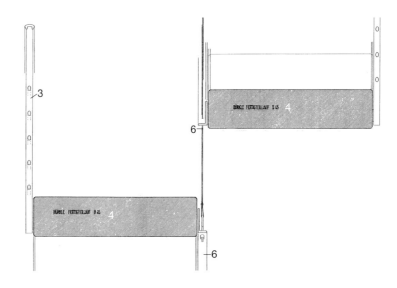

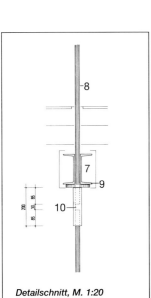

Detailschnitt, M. 1:20
Verbindung auskragende
Träger mit Aufhängung

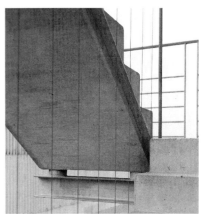

33

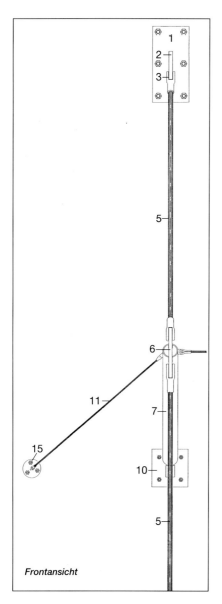

*Frontansicht*

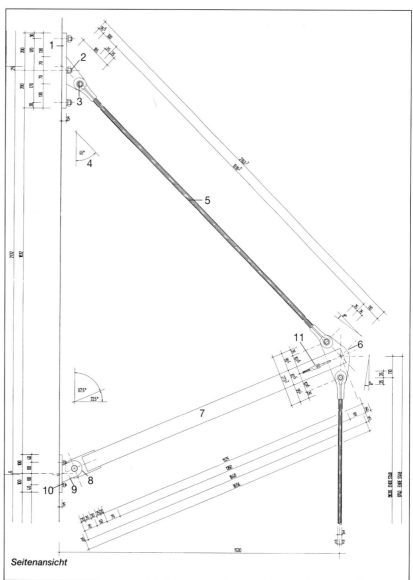

*Seitenansicht*

**Detail Treppenaufhängung, M. 1:20**

**Front- und Seitenansicht und Aufsicht**

1 Angedübelte Befestigungsplatte 400/200/25

2 Angeschweißte Querplatte 185/100/20

3 Bohrungen ø 22 mm

4 Winkel = 45°

5 Rundstahlstab ø 24 mm

6 Befestigungsplatte 273/120/20,
   mit 2 Bohrungen ø 22 mm

7 Diagonal gestelltes Rundrohr ø 82,5,
   Wanddicke 4 mm

8 Verbindungsplatte, eingeschoben und verschraubt 180/100/20, mit Bohrung ø 30 mm

9 2 angeschweißte Querplatten 80/130/15

10 Angedübelte Befestigungsplatte 200/200/15

11 Seitliche Abspannung, Rundstahl ø 10 mm

12 Verbindungsplatte 44/30/10

13 Verbindungsplatte 98/30/10

14 Verbindungsplatte 60/30/10

15 Angedübelte Befestigungsplatte ø 100/10

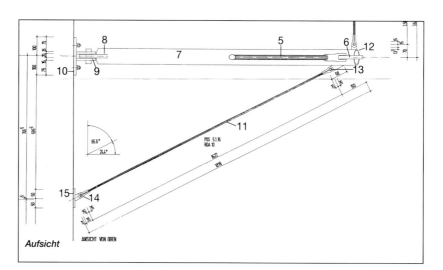

*Aufsicht*

# Vom Schweren zum Leichten

| Objekt: | Einfamilienhaus Podmenik |
|---|---|
| Standort: | Fohnsdorf, Steiermark, Österreich |
| Architekt: | Gerhard Mitterberger, Graz |
| Nutzfläche: | 130 m² |
| Baujahr: | 1992 |
| Baukosten: | ca. 360 000,- DM |

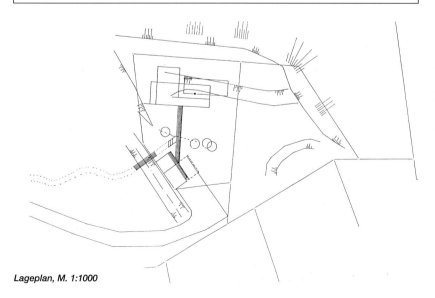

*Lageplan, M. 1:1000*

## Ausgangslage

Die Gegend um Fohnsdorf in der Obersteiermark in Österreich ist gekennzeichnet durch großflächige Aufschüttungen von Abraummaterial, die aus dem dortigen Kohlebergbau herrühren. Diese für die Gegend charakteristischen Abraumhalden hat sich die Natur im Laufe der letzten zwanzig Jahre - so lange ist es mittlerweile her, daß der Bergbaubetrieb hier eingestellt wurde - wieder zurückerobert. Vor einigen Jahren wurden nun am Antoniried, der Abraumhalde des Antonistollen, Grundstücke als Bauland gewidmet und zu günstigen Preisen verkauft. Das Haus der Familie Podmenik ist heute das wohl markanteste Haus dieses Gebietes. Es steht hier gegen Süden, knapp an die Kante der Halde gebaut.

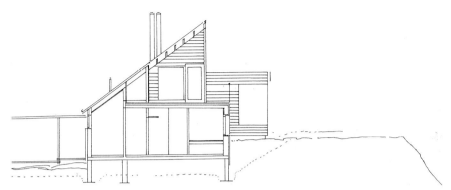

*Querschnitt durch den Schlaftrakt, M. 1:200*

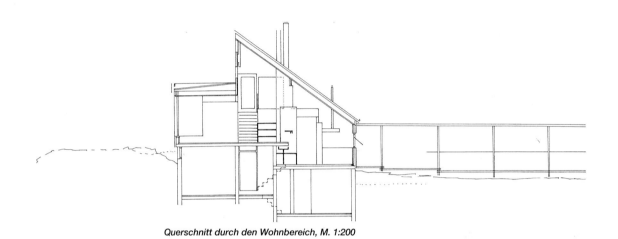

*Querschnitt durch den Wohnbereich, M. 1:200*

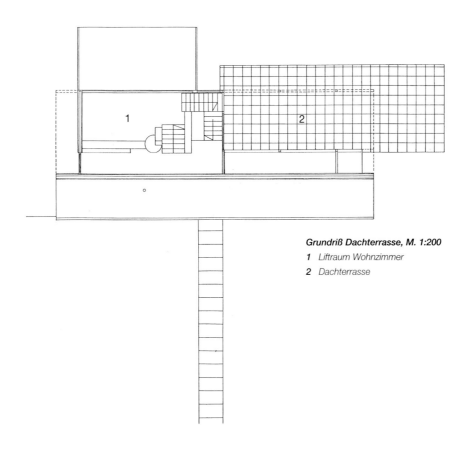

*Grundriß Dachterrasse, M. 1:200*

1 Liftraum Wohnzimmer

2 Dachterrasse

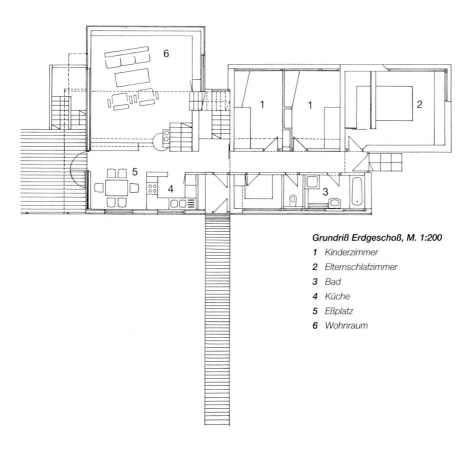

*Grundriß Erdgeschoß, M. 1:200*

1 Kinderzimmer

2 Elternschlafzimmer

3 Bad

4 Küche

5 Eßplatz

6 Wohnraum

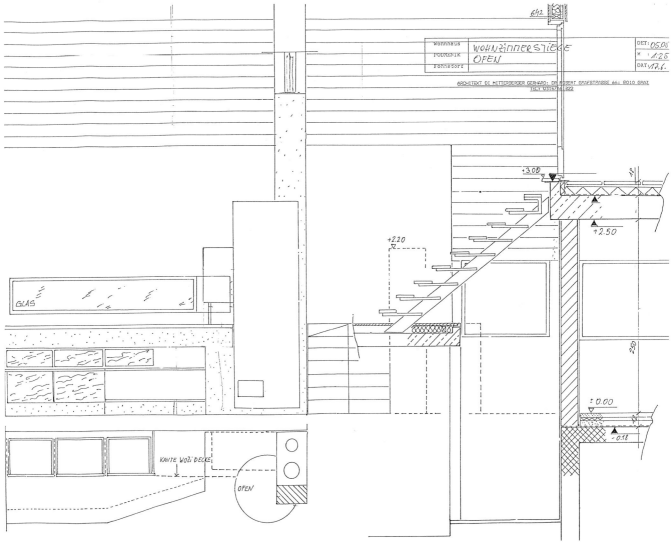

*Längsschnitt Wohnraum, mit Ansicht Kamin und Ofen, sowie Treppe zur Dachterrasse, M. 1:50*

## Entwurfskonzept

Dem Architekten ist es gelungen, die Auflagen des Bebauungsplanes, wie Firstrichtung, Dachneigung, baulicher Zusammenhang von Wohnhaus und Garage, so zu interpretieren, daß ein spielerisches Ensemble entsteht, das als eigenständige charakteristische Form mit der Landschaft in Beziehung kommt. Den Wunsch des Bauherren nach einer großzügigen offenen Grundrißlösung erreicht das Haus durch sein Spiel auf verschiedenen Ebenen im Wohnbereich.

## Der Weg durch das Haus

Das Gebäude erschließt sich von Norden. Entlang der Garage kommt man über einen gedeckten Steg zum Eingang des Wohnhauses, der etwa in der Mitte der Längsseite liegt. Nach rechts auf der Westseite erschließt ein Gang die Schlafräume im Süden und die Wirtschafts- und Sanitärräume im Norden. Dieser private Teil des Wohnhauses liegt, bedingt durch die Topografie des Grundstückes, etwas tiefer in der Erde. Die Fenster sitzen hoch im Raum. Auf der linken Seite sind die Küche und der Eßplatz und bezeichnen den öffentlicheren Bereich des Hauses. Sie beziehen sich zum höher gelegenen Wohnraum und sind nur durch den gemauerten Kamin und durch eingebaute Möbel von ihm getrennt. Die Offenheit, die sich im Inneren hier vermittelt, hat ihre Entsprechung in der äußeren Hülle. In diesem höher gelegenen Gebäudeteil löst sich das Haus aus seinen festen Formen. Der hohe Luftraum und die großen Glasfenster lassen den Innen- und den Außenraum miteinander in Beziehung treten.

Eine weitere Treppe führt vom Wohnzimmer hinauf auf eine Terrasse, die über dem Schlafbereich liegt. Die Holzkonstruktion des Pultdaches ragt über diese Terrasse hinaus und dient so gleichzeitig als Sonnenschutz. Das Gebäude ist nur im östlichen Gebäudeteil unterkellert und nimmt hier die Funktionen des Heiz-, Lager- und Saunakellers auf.

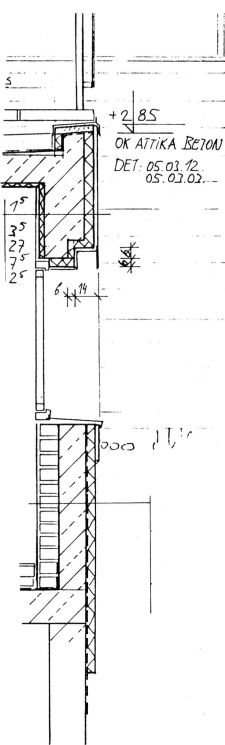

+ 2 85
OK ATTIKA BETON
DET: 05.03.12.
05.03.02.

1⁵
3⁵
27
7⁵
2⁵

6 14

## Vom Umgang mit Grundformen

Auffallend bei der Komposition ist das
bis ins Detail durchgehende Verständ-
nis der Bauelemente als einfache
Grundformen wie Quader und Prisma,
die zueinander geschoben und über-
einander gelegt werden. Das Dach
des Schlaftraktes, das als Terrasse
genutzt wird, zeigt im Detail des Attika-
abschlusses einen sehr knappen
Rand. Nur ein schmaler Blechstreifen
ragt über die Fassade heraus, um die
Form des Quaders nicht zu stören.
Ähnlich ist die Detailausbildung der
Dachränder. Sie zeigt deutlich, wie
darauf geachtet wurde, keine oder nur
knappe Überstände zu formulieren,
um den klaren Kubus zu erhalten.

M. 1:25

*Querschnitt durch die Nordfassade*
*im Schlaftrakt. Deutlich erkennbar ist*
*der knapp formulierte Dachrand des*
*Terrassenaufbaus.*

## Konstruktion und Material

Den unterschiedlichen Funktionen
werden auch verschiedene Konstruk-
tionen und Materialien zugeordnet. So
erhalten die geborgenen privaten Räume eine massive Konstruktion aus Beton, teilweise in Sichtbetonqualität. Der
privaten und geborgenen Situation des
Bauteils kommt das Eingraben in die
Erde und das schwere Material ent-
gegen. Im Bereich der offenen Wohn-
räume reduziert sich die Konstruktion
zu einem Holzskelett, das es erlaubt,
eine offene Fassade zu konstruieren.
Nach oben setzt sich die Auflösung
der Elemente weiter fort. Am deutlich-
sten zeigt sich die Reduktion der Konstruktion auf ihr Grundelement in der
Tragstruktur des Pultdaches.
Über der Terrasse löst sich das Pultdach auf das Skelett des Daches –
den tragenden Sparrenpfetten – auf
und dient nur noch als Sonnenschutz.
Hier schließt sich der Kreis wieder und
bezieht sich auf das schwere ruhende
Bauteil des Schlaftraktes. Das Leichte
und das Schwere berühren an dieser
Stelle einander.

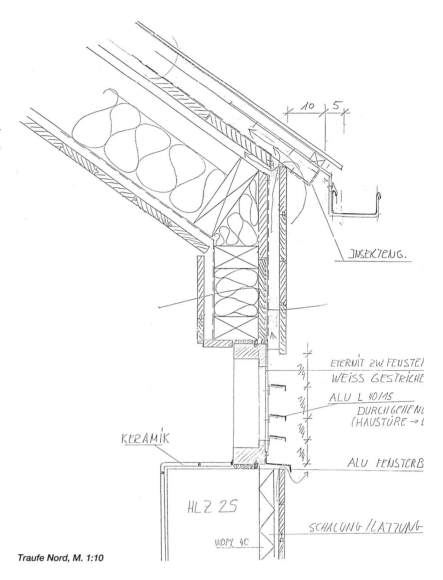

*Traufe Nord, M. 1:10*

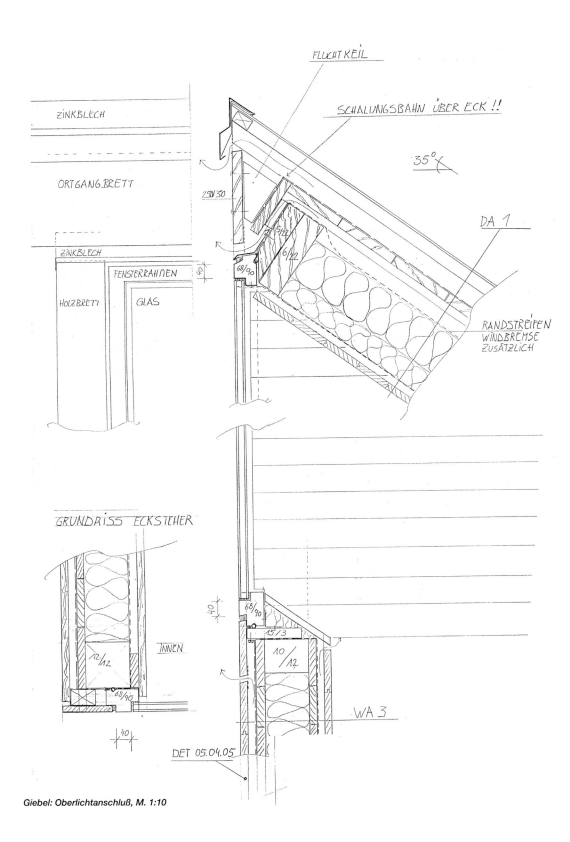

ZINKBLECH

ORTGANGBRETT

ZINKBLECH

FENSTERRAHMEN

HOLZBRETT GLAS

FLUCHTKEIL

SCHALUNGSBAHN ÜBER ECK !!

35°

DA 1

RANDSTREIFEN
WINDBREMSE
ZUSÄTZLICH

250/30

5/22

6/22

68/90

40

GRUNDRISS ECKSTEHER

INNEN

12/12

68/90

40

40

68/90

15/3

10/12

WA 3

DET 05.04.05

*Giebel: Oberlichtanschluß, M. 1:10*

43

# Architektur der Dichte

# Global und lokal

| Objekt: | Siedlungsbau am Stadtrand |
|---|---|
| Standort: | Aspern bei Wien, Österreich |
| Architekten: | Rüdiger Lainer und Gertraud Auer, Wien |
| Baujahr: | 1991 |
| Nutzfläche: | 1860 m$^2$ |
| Baukosten: | 12.900 öS/m$^2$ NFL Wohnung |

## Ausgangslage

Der Wiener Vorort Aspern entwickelt sich seit einigen Jahren zu einer Mustersiedlung des öffentlich geförderten Wohnungsbaus in Österreich. Dem hier vorgestellten Projekt von Lainer und Auer gingen zwei Modellversuche voran, deren kurze Beschreibung notwendig ist, um die allgemeine architektonische Entwicklung im städtebaulich verdichtetem Flachbau zu begreifen. Angefangen hatten südlich der Ortsmitte am Biberhaufenweg die Architekten Häuselmayer, Pruscha und Tesar mit dem sogenannten „synthetischen Dorf". Es handelt sich dabei um den Versuch ein neues, auf sich selbst bezogenes Dorf, auf freiem Felde entstehen zu lassen. Traditionsreiche Raumfiguren eines alten Ortskerns wie Anger, Platz und Straße werden, in der

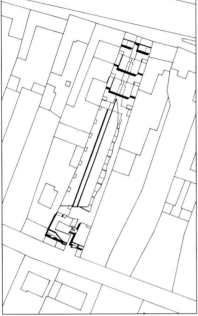

*Lageplan, M. 1:2000*

Suche nach einer optimalen Lebensform, auf kleinem Raum reproduziert. Diese städtebauliche Lösung reagiert „lokal", auf ihr Eigenleben bezogen. Sie läßt die reelle Vorstadtsituation bzw. die Auseinandersetzung mit dem „am Rand liegen" vor der Tür.
Die zweite Etappe der Asperner Besiedlung, die Pilotengasse mit den Architekten Krischanitz, Herzog & de Meuron und Steidle, setzt sich im Gegensatz gerade diesen Aspekt zum Ausgangspunkt ihres städtebaulichen Konzeptes. Der Ansatz ist hier „global", der abstrakte Bezug und das Zentrum der großen Kreissegmente der neuen Wohnbauten ist die Großstadt Wien. Hauptthema ist die Randlage und das Leben am Übergang zwischen Stadt und Land. Von den Einwohnern wird verlangt, sich ein neues unsentimentales Bild einer „Heimat" zu machen.

Lainer und Auer verbinden in der dritten Siedlung des Asperner Umfeldes beide Ansätze der vorausgegangenen Anlagen. Das Neue liegt in der Realisierung des „goldenen Mittelweges", der weder herzlos noch sentimental ist. Auch gestalterisch entkommt das Projekt jeder Banalität und Mittelmäßigkeit, ohne dabei den Fehler zu begehen, allzu „designed" zu sein. Zwischen weitgängiger architektonischer Anbiederung und intellektueller Unterkühlung wurde hier eine Lösung erarbeitet, die mit Poesie vom schmalen Grat des harmonischen Einklanges nicht abfällt. Großzügige Einfachheit und reduzierte Details wechseln sich an städtebaulich markanten Stellen mit frohmütigem Formenspiel ab. Heitere, selbstsichere Farben und geschwungene Linien unterstützen die Identifizierung zukünftiger Bewohner mit dem Ort.

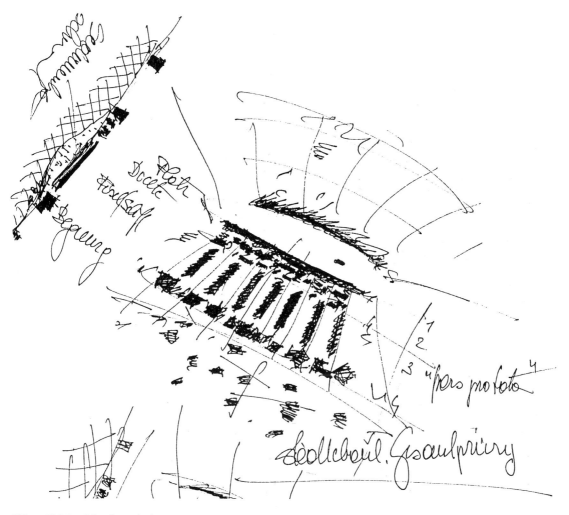

*Skizze städtebaulicher Gesamtanlage*

*Gartenansicht Reihenhäuser*

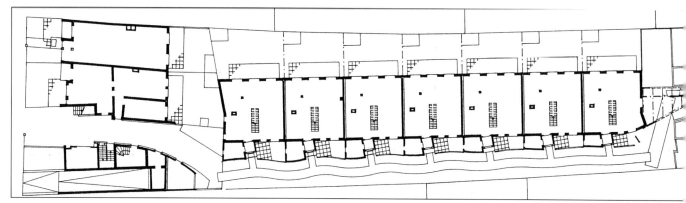

*Zugang Benjowskigasse „Geteilter Bau", Grundriß Gesamtanlage, M. 1:500*    *Reihenhäuser*

*Zugang Benjowskigasse*

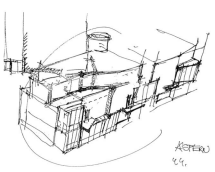

*Skizze Zugangsbauten Benjowskigasse*

### Städtebauliches Konzept

Das neue Wohnmodell befindet sich auf einem schmalen Grundstücksstreifen zwischen Siegesplatz und Benjowskigasse mit unterschiedlichen Bebauungsbestimmungen. Aus diesen und aus den topografischen Bezügen konnten topologisch differenzierte Baukörper entstehen, die, ohne einen eigenen Dorfkern gestalten zu wollen, auf das Spezifische der städtebaulichen Situation eingehen und gezwungenermaßen einen Teil der zukünftigen Gesamteinheit vorwegnehmen.

*Torhäuser*

So befinden sich am Siegesplatz als Antwort auf den Dorfplatz drei hintereinander in Reihe gestellte Torhäuser, während der dreigeschossige Bau an der südlichen Erschließungsstraße (Benjowskigasse) auch formal versucht, dem angrenzenden Niemandsland einen eigenen Charakter zu geben.

Dazwischen, im übertragenen ländlichen Hinterhof, befinden sich die Reihenhäuser. Sie ermöglichen den Bewohnern, durch vorgelagerte Nebengebäude und reduzierte gestalterische Eingriffe eine individuelle Differenzierung, die den Gesamteindruck nicht beeinträchtigt.

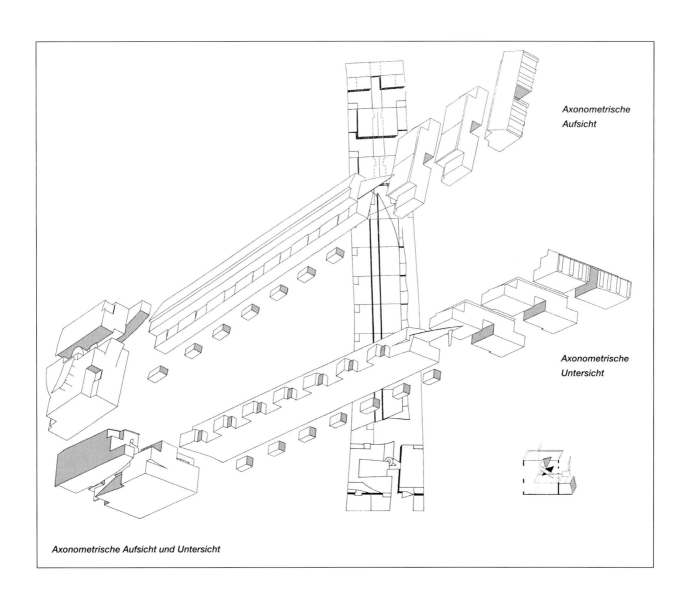

*Axonometrische Aufsicht*

*Axonometrische Untersicht*

*Axonometrische Aufsicht und Untersicht*

*Zugang Reihenhäuser*

## Die Reihenhäuser

Wo die Torhäuser zum offenen Bereich des ländlichen Gefüges überleiten, schiebt sich von den angrenzenden Reihenhäusern eine Spitze in Form einer Pergola ein. Es entsteht ein kleiner Platz, der auf den Richtungswechsel entlang der Zeile verweist. Die sieben Einheiten, die ohne Vor- oder Rücksprünge eine gerade Stange bilden, haben östlich entlang einer geschwungenen Trennungswand ihre Eingänge. Dessen blau gestrichene Holzlatten verkleiden auch die vorgesetzten Nebengebäude. In einer großförmigen Wellenbewegung führt dieser Weg zu den Geschoßbauten. Im Inneren bestimmen allein die Treppe und der Schacht ins Obergeschoß den Grundriß. Weitere Raumzuteilungen werden vorgeschlagen, sind aber den Bewohnern überlassen.

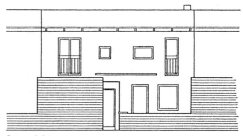

*Ostansicht*

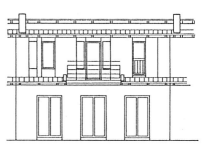

*Westansicht*

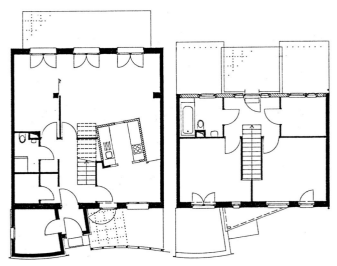

*Grundrisse EG und OG, M. 1:200*

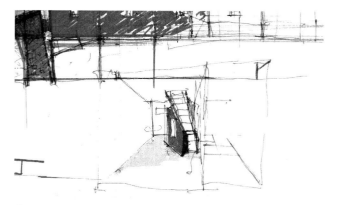

*Skizze Innenraum EG mit Treppe, ohne Maßstab*

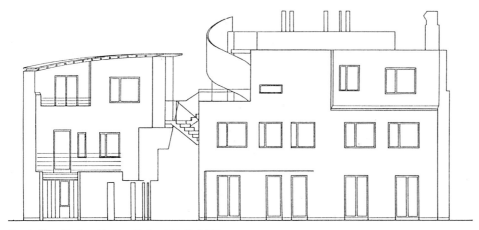

*Geschoßbau Benjowskigasse, Hofansicht, M. 1:200*

*Straßenansicht, M. 1:200*

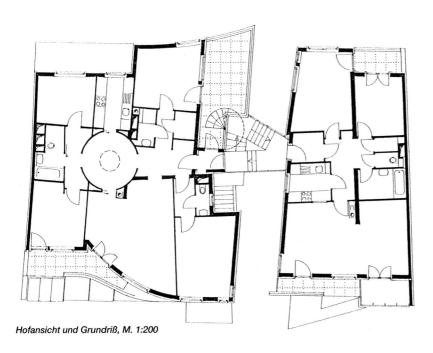

*Hofansicht und Grundriß, M. 1:200*

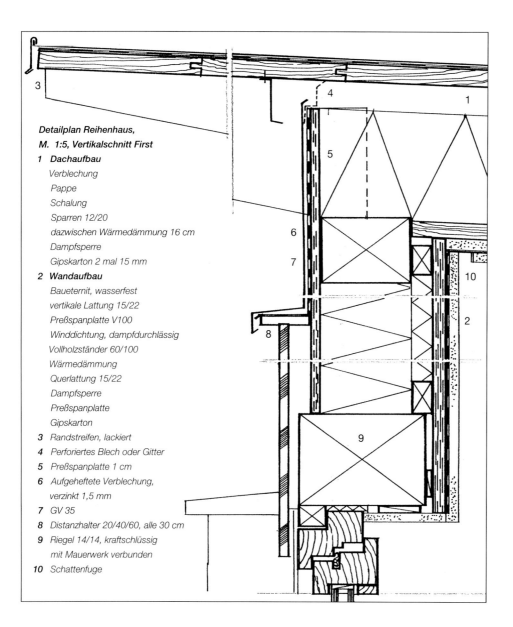

**Detailplan Reihenhaus,
M. 1:5, Vertikalschnitt First**

1 **Dachaufbau**

Verblechung

Pappe

Schalung

Sparren 12/20

dazwischen Wärmedämmung 16 cm

Dampfsperre

Gipskarton 2 mal 15 mm

2 **Wandaufbau**

Baueternit, wasserfest

vertikale Lattung 15/22

Preßspanplatte V100

Winddichtung, dampfdurchlässig

Vollholzständer 60/100

Wärmedämmung

Querlattung 15/22

Dampfsperre

Preßspanplatte

Gipskarton

3 Randstreifen, lackiert

4 Perforiertes Blech oder Gitter

5 Preßspanplatte 1 cm

6 Aufgeheftete Verblechung,
verzinkt 1,5 mm

7 GV 35

8 Distanzhalter 20/40/60, alle 30 cm

9 Riegel 14/14, kraftschlüssig
mit Mauerwerk verbunden

10 Schattenfuge

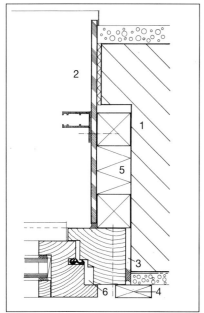

**Detailplan Reihenhaus, M. 1:5
Fenster Erdgeschoß mit Rolladen
und Fensterlaibungsverkleidung**

1 Anschlagsstein Quadro 30

2 Eternitplatte 8 mm, lackiert

3 Silikon

4 Putzanschlußleiste

5 Wärmedämmung

6 Fenstertür

*Blick aus dem Erdgeschoß der Turmhäuser Richtung Garten und Reihenhäuser*

*Reihenhaus, Küchenbox*

*Reihenhaus, Küchenbox mit Schiebetür*

*Zugang Torhäuser*

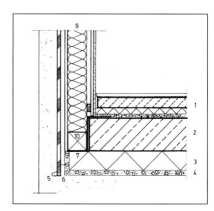

**Detailplan, Anschluß Paneelwand-Durchgang**
**Horizontalschnitt, M. 1:20**

  1  *Fußbodenaufbau 12 cm :*
     *Belag, Estrich, Trittschalldämmung,*
     *Ausgleichsschicht*
  2  *Rohdecke 18 cm*
  3  *VWS PS M-W-15*
  4  *Putz, 5 mm*
  5  *Wassernase*
  6  *Schutz für Hinterlüftung mit Gitter*
  7  *Stahllasche*
  8  *Dauerelastische Dichtung*
  9  *Wandaufbau:*
     *Gipskarton, Preßspanplatte,*
     *Konterlattung, Eternitplatte*
 10  *Riegel 100/100*

# Spezifische Selbstverständlichkeit

57

| | |
|---|---|
| Objekt: | Wohnungsbau in der Stadt |
| Standort: | Waidhausenstraße, Wien, Österreich |
| Architekten: | Rüdiger Lainer und Gertraud Auer, Wien |
| Baujahr: | 1991 |
| Nutzfläche: | 2.350 m² |
| Baukosten: | 12.300 öS/m² NFL Wohnung |

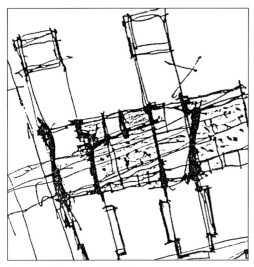

*Lageplanskizze, ohne Maßstab*

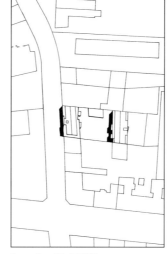

*Lageplan, M. 1:2000*

## Ausgangslage

Aufgabe dieses öffentlich geförderten Bauvorhabens war die Schließung einer Baulücke an einer städtebaulich markanten Stelle in Wien-Penzing. Das Siedlungsgefüge begrenzt gegen Westen einen Friedhof und schließt stadtauswärts eine geschlossene Bebauung gegen ein gewerblich genutztes Gebiet ab. Der Straßenzug ist heterogen bebaut, funktionalistische Bauten aus den siebziger Jahren mischen sich zufällig mit Gründerzeitgebäuden.

Auch die topografische Lage des Bauplatzes ist besonders: Er liegt genau in der Kurve der Waidhausenstraße, die hier einen Hang hinaufführt. Als Antwort auf diese städtebaulich identitätslose Gegend stärken die Architekten das gegebene Baugefüge, indem sie vorhandene Strukturen aufnehmen und weiterführen. In der auf den ersten Blick so selbstverständlichen Entwurfslösung entdeckt man, bei genauerem Hinsehen, spezifische Reaktionen auf einzelne Problemstellungen. Die Besonderheiten dieser architektonischen Herausforderung liegen, von den unübersehbaren gestalterischen Qualitäten abgesehen, in der intelligenten Auseinandersetzung mit dem Bestehenden und in der feinfühligen, nicht nur auf Integration abgezielten Antwort.

## Städtebauliches Konzept

Die einfache Grundlage im städtebaulichen Ansatz ist die straßenseitige Fortführung der geschlossenen Bebauung, wogegen in der Tiefe des Grundstückes ein zweites Gebäude als Abschluß des entstandenen Innenhofes formuliert wird. Auf die gegebenen städtebaulichen Schwachstellen des vorhandenen Umfeldes werden Akzente gesetzt, die eine überraschende Integration ermöglichen.

Es handelt sich dabei um das Reagieren auf sekundäre Rhythmen, wie die Architekten es nennen. So erscheint zum Beispiel das angrenzende dunkle Gebäude funktionalistischer Prägung als Teil des Ganzen.

Während die Innenhoffassaden transparent und durch große Öffnungen, stählerne Veranden und Balkone bestimmt sind, entwickelt sich an der geschlosseneren Straßenfassade ein komplexes Spiel mit verschiedenen Volumen, Schichten und Scheiben.

*Innenhoffassade*

*Innenhofansicht, Straßengebäude, M. 1:200*

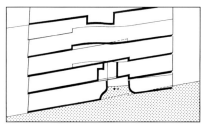

*Fassadenansichten, ohne Maßstab*

*Perspektive Straßenflucht*

60

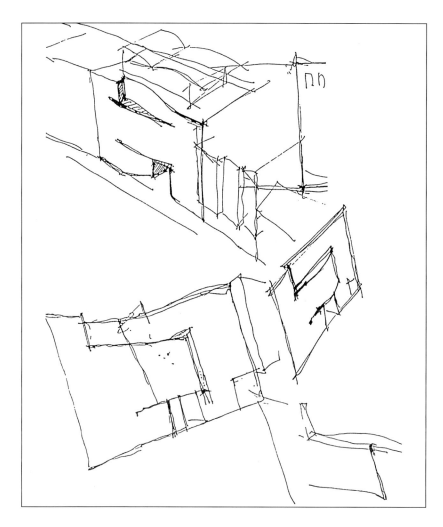

## Scheiben und Schichten

Die Gliederung der Fassade entwickelt sich wie gesagt aus dem städtebaulichen Kontext. Ihre Teilung in zwei ineinander verschränkte Körper reagiert auf die Krümmung der Waidhausengasse und reduziert optisch das Gesamtvolumen. Die Lage der Wohnungen und der Treppe, die an dieser Nahtstelle liegen, spiegelt sich in den Fassaden wider.

Der starke erkerartige Vorsprung des Nachbargebäudes wird durch die gegliederte Modellierung des Neubaus integriert und bauplastisch entschärft. Dazu trägt auch die gewählte Farbgebung bei. Dem dunklen, etwas schwermütigen Braun werden eine warme Terracotta-Farbe und das „Altrosa" entgegengesetzt. Die dadurch entstandene positive Spannung wirkt sich auf den gesamten Straßenzug aus.

*Ansicht Waidhausenstraße, M. 1:200*

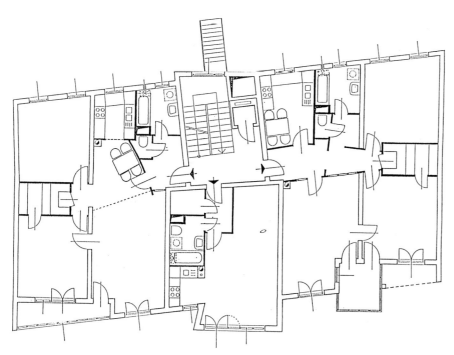

*Grundriß Regelgeschoß Rückgebäude, M. 1:200*

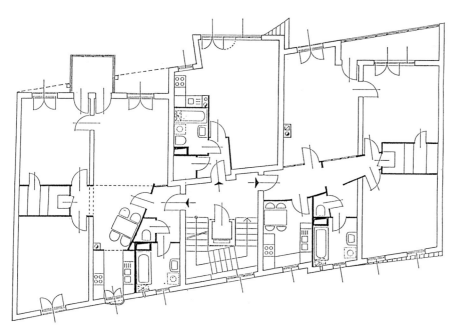

*Grundriß Regelgeschoß Straßengebäude*

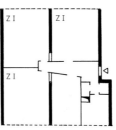

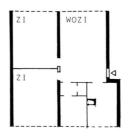

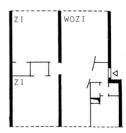

*Prinzip Wohnungsgrundriß, neutrale Erschließung der Räume,*
*neutrale Räume bzgl. Ausstattung / Größe*

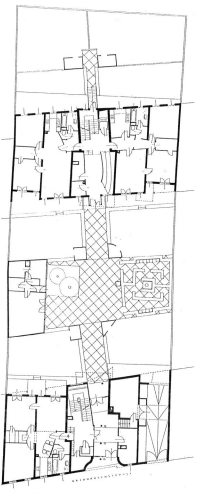

*Grundriß Erdgeschoß,*
*Gesamtanlage M. 1:500*

## Grundriß ohne Vorschriften

Die Hauptschwierigkeit, Grundrisse für den sozialen Wohnungsbau zu entwerfen, liegt in der Anonymität der zukünftigen Bewohner. Es entstehen auf diese Weise häufig architektonische Experimente, denen der Nutzer ratlos gegenübersteht und Wohnungen, die den spezifischen Lebensbedürfnissen nur schwer gerecht werden können. Bleibt der Spielraum aber maximal, trotz architektonischer Selbstbewußtheit, kann sich die Situation umkehren. Zur Freude vieler Interessenten konnten Lainer und Auer hier, trotz des knappen Budgets, Wohnungen realisieren, die vorab keine bestimmte Nutzung vorschreiben. Küche und Naßräume kreisen um einen Schacht, der verschiedene Zuordnungen ermöglicht, allein die tragenden Wandquerscheiben sind bindend.

Pro Regelgeschoß sind zwei spiegelbildliche Dreizimmerwohnungen vorgesehen, dazwischen liegt, gegenüber dem großzügigen Treppenhaus, eine Einzimmerwohnung, die auch an eine der beiden Nachbareinheiten angeschlossen werden kann. Von der Hofseite lassen die großen Glasflächen zu Balkonen, Veranden und Terrassen viel Licht in das Innere der Wohnungen. Zur Straße hin, wo die Naßräume untergebracht sind, reduzieren sich, auch im Hinblick auf den Schallschutz, die Öffnungen.

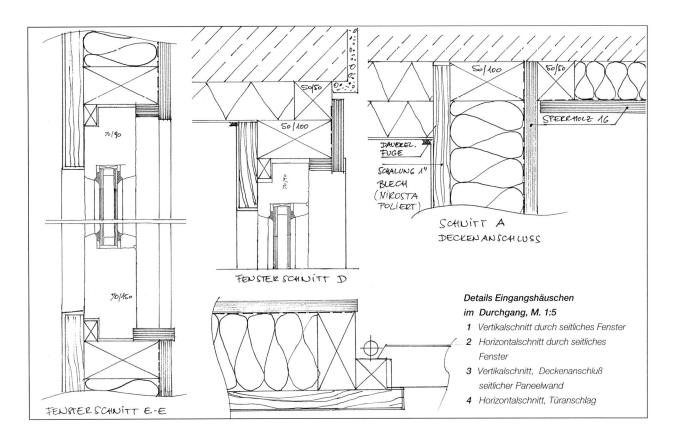

70/90

70/70

70/150

FENSTER SCHNITT E-E

50/50

50/100

70/70

FENSTER SCHNITT D

50/100    50/50

SPERRHOLZ 16

DAUEREL. FUGE

SCHALUNG 1" BLECH (NIROSTA POLIERT)

SCHNITT A DECKENANSCHLUSS

*Details Eingangshäuschen im Durchgang, M. 1:5*

1   *Vertikalschnitt durch seitliches Fenster*

2   *Horizontalschnitt durch seitliches Fenster*

3   *Vertikalschnitt, Deckenanschluß seitlicher Paneelwand*

4   *Horizontalschnitt, Türanschlag*

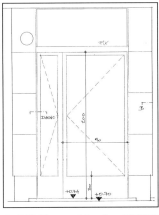

FIX

D60x60

200

90

+0.74    +0.70

*Ansicht, Eingangshäuschen, M 1:100*

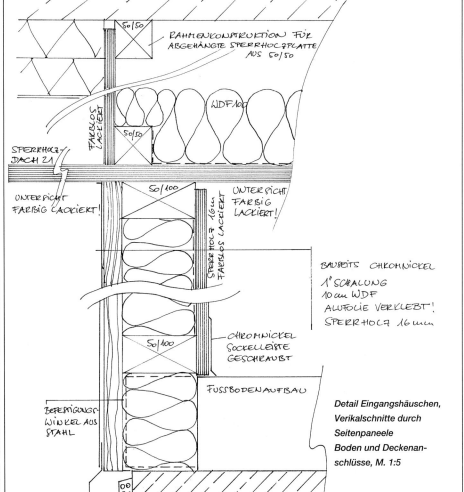

50/50

RAHMENKONSTRUKTION FÜR ABGEHÄNGTE SPERRHOLZPLATTE AUS 50/50

WDF 100

FARBLOS LACKIERT

50/50

SPERRHOLZ DACH 21

UNTERSICHT FARBIG LACKIERT!

50/100

SPERRHOLZ 16 m FARBLOS LACKIERT

UNTERSICHT FARBIG LACKIERT!

BAUSEITS CHROMNICKEL
1" SCHALUNG
10 cm WDF
ALUFOLIE VERKLEBT!
SPERRHOLZ 16 mm

CHROMNICKEL SOCKELLEISTE GESCHRAUBT

50/100

FUSSBODENAUFBAU

BEFESTIGUNGS-WINKEL AUS STAHL

*Detail Eingangshäuschen, Verikalschnitte durch Seitenpaneele Boden und Deckenanschlüsse, M. 1:5*

**Legende:**

1  Bodenbelag, Kopfsteinpflaster
2  Stahlkastenprofil 80/80/3
3  Moosgummi
4  Alucoband
5  Stahlwinkel Türelement 50/30/5
6  Flachstahl 15/5 angeschweißt
7  Stahlwinkel Festelement 80/40/6
8  Drahtspiegelglas 8 mm
9  Glasleisten auf Gehrung gesetzt und
   angeschraubt
10 Bandrolle angeschweißt
11 Schließblechkasten angeschweißt
12 Blindstock, Stahlkastenprofil 40/40/2
13 Stahlpratze an Mauerwerk angedübelt

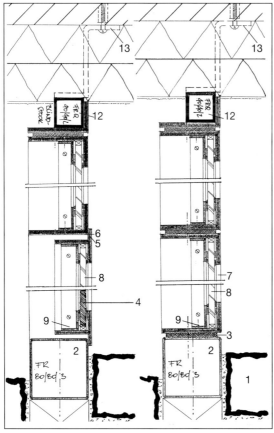

Vertikalschnitte, B-B, Türelement    A-A, Fixelement, M. 1:5

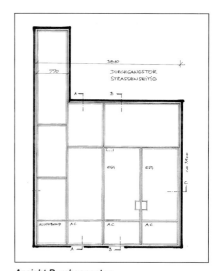

Ansicht Durchgangstor,
Detailposition, M. 1:100

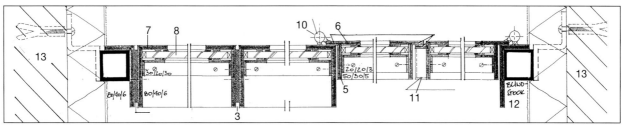

Horizontalschnitt C-C, M. 1:5

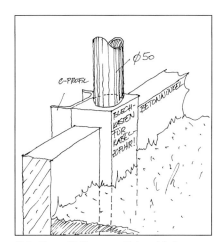

*Befestigung Hoflampe an Betonwinkel,*
*Axonometrie, Fußpunkt ohne Maßstab*

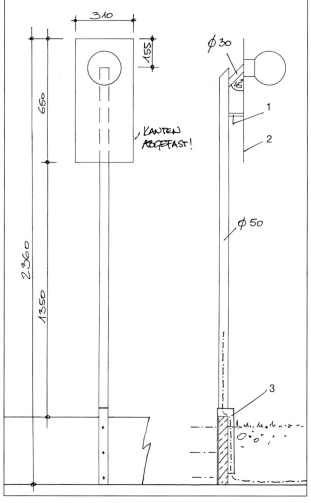

*Front- und Seitenansicht Hoflampe, M. 1:20*

1 *Stahlrohr Ø 15 mm*
2 *Stahlplatte 15 mm dick*
3 *Blechkasten für Kabelzufuhr*
*Alle Stahlteile verzinkt und vor Ort verschraubt.*

# Effektvoller Mikro-Eingriff

| | |
|---|---|
| Objekt: | Geschoßzeilenbau in der Altstadt |
| Standort: | Haarlemmerburt, Amsterdam, Niederlande |
| Architekten: | Claus en Kaan, Amsterdam |
| Baujahr: | 1995 |
| Nutzfläche: | 172 m² |
| Baukosten: | 840.000 Gulden, ohne MwSt. |

*Ansichtsskizze, ohne Maßstab*

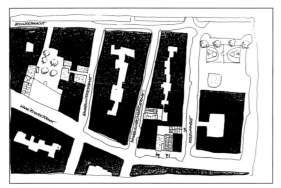

*Lageplan, M. 1:5000*

## Ausgangslage

Der Bezirk Haarlemmerburt liegt am nordwestlichen Rand der Amsterdamer Altstadt. Die Randbebauung des Hafens trifft an dieser Stelle auf die U-förmige stadtbestimmende Struktur des Grachtengürtels. Die bekannte Vielfalt der historischen Amsterdamer Stadtentwicklung drückt sich noch heute im dynamischen Leben dieses Viertels aus. Die Haarlemmerstraat mit ihren lebendigen Bars und Kaffeehäusern liegt nur eine Parallelstraße von der Brouwersgracht entfernt, wo sich Häuser der Jahrhundertwende in ihrer bürgerlichen Selbstdarstellung zeigen.

Am Kopfende der langgestreckten Blockbebauung, die diese Straßen verbindet, konnten die Architekten dank der innovationsfreundlichen Haltung der Gemeinde einige Apartments und Läden realisieren. In dem hier vorgestellten Projekt handelt es sich um die Sanierung eines Altbaus und die integrierte Bebauung seines Nachbargrundstückes. Dadurch konnten notwendige Sozialwohnungen geschaffen werden.

## Städtebaulicher Entwurf

Das extrem enge städtebauliche Gefüge, mit seinen knappen Straßenräumen und den winzigen Höfen verwandelten den Eingriff der Architekten in eine „mikrochirurgische" Operation. Zur Verfügung stand in diesem Fall eine Doppel-Parzelle, dessen be-

stehender Altbau aus dem 17. Jahrhundert wie sein zu bebauendes Nachbargrundstück knappe 3,5 Meter breit und 7 Meter tief ist. Angesichts der drangvollen Enge entschieden sich Claus en Kaan dazu, Alt- und Neubau gemeinsam zu erschließen und die beiden Gebäude stockwerksweise zu vereinen. Von verschachtelten Innenwänden befreit und vor unnötigen Eingriffen bewahrt, konnte in der alten Bausubstanz eine Art „Bewohnbares Museum" entstehen. In dem 24 m² großen, offenem Raum sind der Wohn- und Kochbereich untergebracht, während sich im Neubau straßenseitig die gewendete Erschließungstreppe und in der Mitte das Bad, eine Abstellkammer und ein Schlafzimmer befinden.

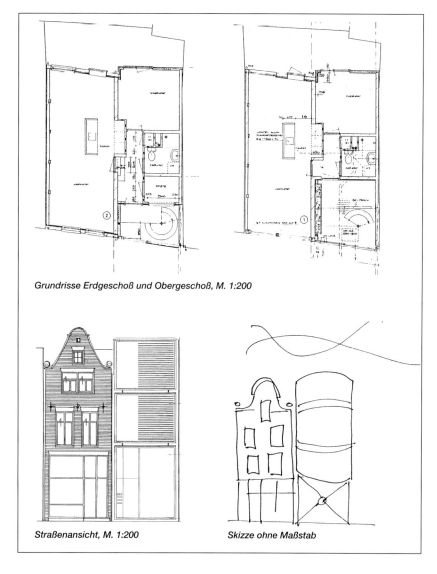

*Grundrisse Erdgeschoß und Obergeschoß, M. 1:200*

*Straßenansicht, M. 1:200*

*Skizze ohne Maßstab*

## Fassadengestaltung

Der Neubau fällt in diesem denkmal-
geschütztem Straßenzug sofort ins Auge. Im Kontext der Zeilenbauten setzt
sich seine kompromißlos moderne
Fassade auf den ersten Blick entschieden von den Nachbargebäuden
ab. Die knapp vier Meter breite Haus-
giebel täuschen eine Hausbreite vor,
die es in Wirklichkeit nicht mehr gibt.
Wie auch in diesem Fall nehmen die
Wohnungen zwei oder mehrere Par-
zellen ein. Indem die Architekten auf
einen eigenen Giebel verzichten und
eine Treppe in den Vordergrund setzen, zeigen sie, daß dieses Gebäude
Teil einer größeren Einheit ist. Durch
den gelben Anstrich der Treppenhaus-
wände und dem abschließendem
Glasdach wird das „Neue" unterstri-
chen. Der öffentliche Charakter der
dreigeschossigen Treppenhalle ermöglicht auch in praktischer Hinsicht
die große Glasfront. Während die
Wohnzonen im angrenzenden Altbau
untergebracht sind und den Bewohnern die nötige Privatheit garantieren,
wirken die drei übereinandergesetzten
Glasfelder der Neubaufassade wie
großformatige Vitrinen, die durch die
unterschiedlich behandelte Glasober-
fläche (zum Großteil sandgestrahlt)
den Passanten teilweise den Einblick
ermöglichen. Hervortretende Holzrah-
menprofile tragen diese drei Glas-
scheiben über zurückversetzte Stahl-
profile. In Farbe und Dimensionierung
sind die Rahmen den Putzumrandun-
gen der historischen Nachbarbauten
ähnlich. Ihre Formate entsprechen den
Ge-schoßhöhen der Nachbarbebau-
ung. In einer dunkelbraun gestrichenen vertikalen Fläche sind die Tür, der
Postkasten und die Sprechanlage
integriert. Der feinfühlige Einsatz moderner Formen, die Detailpräzision
und die Proportionen des Gesamt-
eingriffes ermöglichen die erfolg-
reiche Integration in das historische,
Amsterdamer Gefüge.

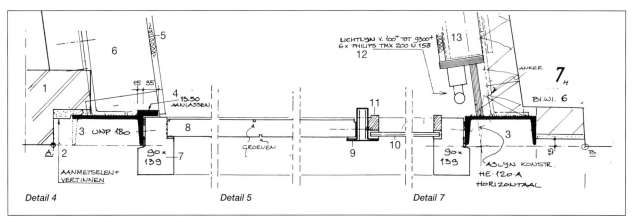

Detail 4    Detail 5    Detail 7

*Fassadenkonstruktion, Horizontalschnitt M. 1:5*

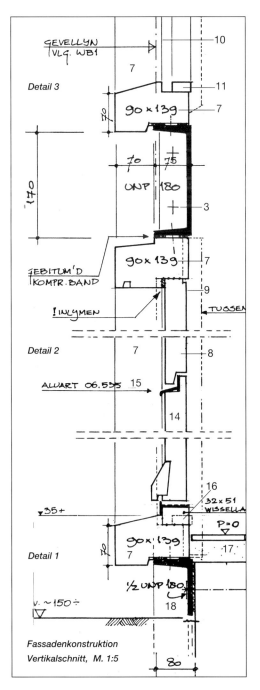

Detail 3

Detail 2

Detail 1

*Fassadenkonstruktion*
*Vertikalschnitt, M. 1:5*

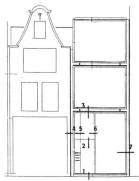

*Position Details in der Fassade*

*Legende Details 1-7*

1 Angrenzende Altbaufassade
2 Verputzte Schattenfuge
3 Umlaufendes Stahlprofil,
  U-Winkel 180/50
4 Flachstahl, angeschweißt 15/5
5 Putz
6 Wärmedämmung
7 Holzrahmen 90/139
8 Fixes Holzpaneel über Tür
9 Stahlprofil - Fensteranschluß
10 Hartglas, sandgestrahlt 8 mm
11 Holzglasleisten
12 Leuchtstoffröhre
13 Trennwand u. Isolierung zu
   Nachbargebäude
14 Eingangstür
15 Tropfnase aus Aluminium
16 Anschlagsschwelle
17 Fußboden, innen
18 Halber U-Winkel 180/50 als
   Anschluß zum Straßenniveau

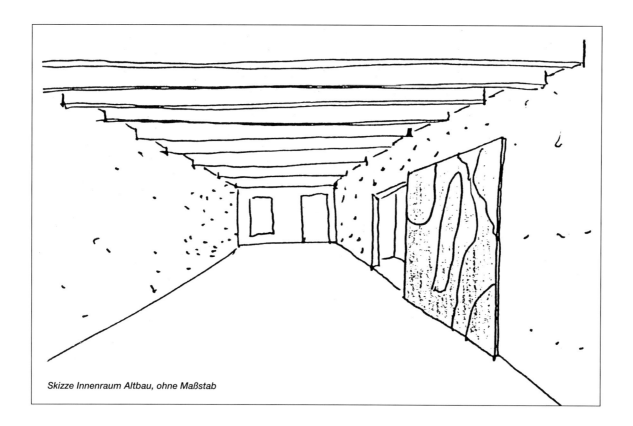

Skizze Innenraum Altbau, ohne Maßstab

# Gemeinschaft

# Entspanntes Wohnen

| | |
|---|---|
| Objekt: | Wohnungsbau in der Stadt |
| Standort: | Wulzendorfstraße, Wien |
| | Österreich |
| Architekt: | Helmut Wimmer, Wien |
| Mitarbeiter: | Michael Kammlander |
| Bauzeit: | 1994-1996 |
| Nutzfläche: | 3.792 m² |
| Baukosten: | 87 Millionen öS |

### Ausgangslage

Die Wulzendorfstraße befindet sich in einem Stadtentwicklungsgebiet am Rand der Stadt Wien, in der Siedlung Wulzendorf. Diese Siedlung liegt auf der östlichen Donauseite und außerhalb der Wiener Süd-Osttangente, unweit von Aspern (sh. Global und lokal). Das heterogene Baugefüge, in dem das Grundstück liegt, ist durch eine teils offene, teils geschlossene Bebauungsstruktur gekennzeichnet. Der Neubau paßt sich mit seinem Volumen der Umgebung an, gibt dem Viertel aber durch seine Gestaltung einen erfreulich städtischen Charakter. Mit den Mitteln der Wohnbauförderung und mit Eigenmittelzuschuß konnten 43 Eigentumswohnungen und mehrere Geschäfte entstehen.

### Konzept

Hauptanliegen des Architekten ist es, Räume zu entwerfen, die die Bewohner nach den persönlichen Bedürfnissen und Vorstellung organisieren können. Helmut Wimmer möchte es jedem möglich machen, den eigenen Lebensraum und die direkte Umwelt individuell zu gestalten. Gerade in Bauten, dessen Bewohner in der Entwurfsphase anonym sind, soll der Architekt Anreger und Herausforderer verschiedener Wohnmöglichkeiten sein. Er soll nicht mehr das Wohnen in allen Einzelheiten entwerfen, sondern Strukturen vorgeben, die nur den Rahmen definieren, in dem sich das Wohnen durch die persönliche Gestaltung und Auseinandersetzung selbst entwickeln kann.

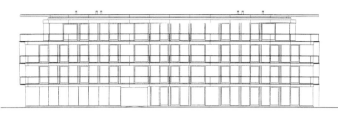

*Ansicht Wulzendorfstraße*

*Grundriß Erdgeschoß*

1  Hochhaus
2  Aufzug
3  Treppenhaus
4  Zufahrt Tiefgarage
5  Wohnung

*Grundriß 2.-3. Obergeschoß, M. 1:500*

## Die Fassaden

Die Grundform des Wohnhauses ist ein Quadrat, in dessen Mitte sich ein kleiner Innenhof befindet. Die zur Hauptstraße orientierte Seitenlänge entwickelt sich über sechs Geschosse und definiert markant den öffentlichen Raum. Große verglaste Fensterflächen mit davorliegenden Balkonen wechseln sich, in einem spannenden Spiel von versetzten Ebenen, mit weißen Mauerwerksscheiben ab. Der restliche Baukörper ist dreigeschossig. Auf dem Dach befinden sich im Staffelgeschoß Wohnungen mit umlaufender Terrasse. Wie ein großer Kranz kragt zum Abschluß dieser letzten Ebene ein stählernes, schwebendes Schattengitter hervor. Ein vertikaler Sonnenschutz, der aus elektrisch ausfahrbaren Stoffrollos besteht, ist rund um das Haus montiert. Diese sind nicht direkt an die Glasfläche, sondern ca. 80 cm davor an die Gitterrostbalkone angebracht. Es entsteht dadurch eine Raumschicht, die angesichts der vollflächig verglasten Fassaden den nötigen Puffer nach außen bildet. Im ausgefahrenen Zustand packen sie den Balkon mit seiner Stahl- und Glasbrüstung ein und verstecken hinter flatternden weißen Segeltüchern den gesamten Bau. So erlebt man das Gebäude je nach Tageszeit und Wetterlage anders.

Das abschließende Schattengitter und der Sonnenschutz der Glasfassaden sind die markanten Identifikationszeichen des Hauses.

## Der Grundriß

Die innere Organisation ist in ihrer Gliederung klar und einfach. Die Erschließungsflächen sind äußerst reduziert, in den vier innenliegenden Ecken des Quadrates befinden sich die Treppenhäuser, die jeweils drei Wohnungen erschließen. Im straßenseitigen Hochhaus findet in den oberen Geschossen der Zugang über verglaste Laubengänge statt. Die Aufzüge stehen hier getrennt vor der Fassade, somit bleibt das Treppenauge großzügig offen.

Die Einheiten entsprechen in ihrer Größe hauptsächlich Zwei- und Dreizimmerwohnungen. Sämtliche Wohnbereiche sind nach außen orientiert, während die Nutzräume dem Innenhof zugeordnet sind.

## Die Wohnungen

Die Grundrißtypologien innerhalb des
Gebäudes beschränken sich auf das
Minimum. Die vertikal gestapelten,
sich wiederholenden Wohnungen dienen der individuellen Gestaltung als
einheitlich struktureller Hintergrund.
Denn nur wo eine übergreifende ge-
meinsame Ordnung ist, kann der Einzelne seine private Freiheit ausleben.
Die Wohnungen zeichnen sich durch
ihre „Nutzungsneutralität" aus. Innerhalb einer gegebenen Grundform, in
der nur der Koch- und Sanitärblock
festgelegt ist, erlauben bewegliche
Raumabschlüsse ein hohes Maß an
Variabilität und differenzierter Nutzung.
Durch das Trennungssystem über
raumhohe Schiebeelemente können
Räume nach Belieben entstehen oder
verschwinden und sich den unterschiedlichen Bedürfnissen im Laufe
eines Tages sowie dem Wandel innerhalb eines Familiengefüges über die
Jahre anpassen. Die Bewohner müssen allerdings bereit sein, in offenen
Raumstrukturen zu leben, die zum
sozialen Kontakt verpflichtende Dichte
annehmen und die Verantwortung für
die Art, wie sich ihre Wohnungen auch
nach außen präsentieren, selbst übernehmen.

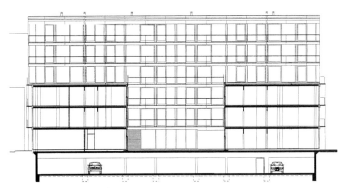

Schnitt Wulzendorfstraße

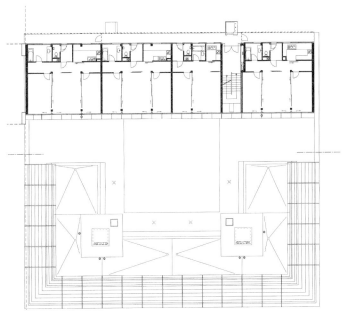

Grundriß 3-4-5 Obergeschoß, M. 1:500

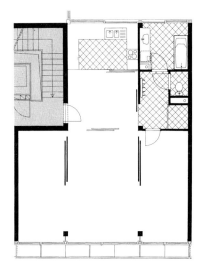

Grundriß, M. 1:200,
Verschiebbare Trennwände

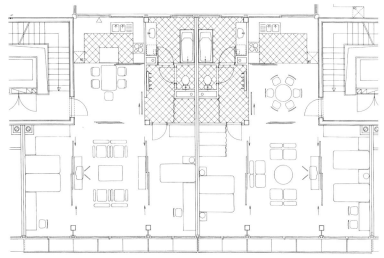

Grundriß mit Einrichtungvorschlägen

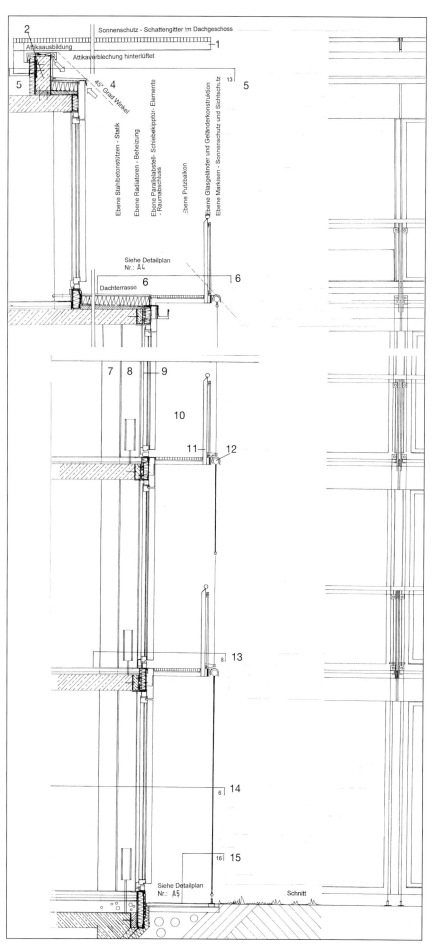

**Vertikalschnitt und Ansicht Fassade, M. 1:50**

1  Sonnenschutz, Schattengitter Dachgeschoß

2  Attikaausbildung: Attika getrennt durch
   Isokorb
   Abdichtung Hochzug
   Abdichtungsschutz
   Alublech mind. 10 mm
   Saumstreifen
   Abdeckung, Alublech

3  Hinterlüftung Verblechung

4  45° Winkel

5  Flachdachaufbau:
   Spachtelung
   Stahlbetondecke, 20 cm
   Gefällebeton 3 cm, 1,5°
   Abdichtung
   Extrudiertes Polystyrol, einlagig 12 cm
   Vlies
   Rundkies 16/32 mm
   Betonplatten 50/50/5,
   im Attikabereich u. Zugängen Putzöffnungen
   Putzöffnungen

6  Aufbau Dachterrasse.
   Spachtelung
   Stahlbetondecke 20 cm
   Gefällebeton 3 cm, 1,5°
   Abdichtung
   Extrudiertes Polystyrol einlagig, 12 cm
   Trennflies, 1 mm
   Betonplatten 50/50/5
   im Sandbett verlegt, oder Fliesen,
   bewehrter Estrich u. 2lagige Folie

7  Ebene Stahlbetonstützen - Statik

8  Ebene Radiatoren - Beheizung

9  Ebene Schiebekipptür-Elemente -
   Raumabschluß

10 Ebene Putzbalkone

11 Ebene Glasbrüstung und Stahlgeländer

12 Ebene Markisen - Sonnen- und Sichtschutz

13 Deckenaufbau über Regelgeschoß:
   Stahlbetonplatte - Pilzdecke, 20 cm
   Sandausgleichsschicht
   Trittschalldämmung 2 cm
   PAE - Folie, 1 mm
   Estrich, 5 cm
   Bodenbelag

14 Deckenaufbau über Kellergeschoß:
   (unbeheizt zu beheizt)
   Stahlbetondecke 20 cm
   Dampfbremse über Waschküche
   u.Naßräume
   Beschüttung Leca, 14 cm
   Elastifiziertes Polystyrol, 3 cm
   Trittschalldämmung 2 cm
   expand. Polystyrol 3 cm
   PAE - Folie, 1 mm
   Estrich, 5 cm,
   Bodenbelag

15 Aufbau Terrasse über Erdreich
   Rollierung
   Folie
   Unterbeton, 15 cm
   Betonplatten 50/50/5 in Sand verlegt

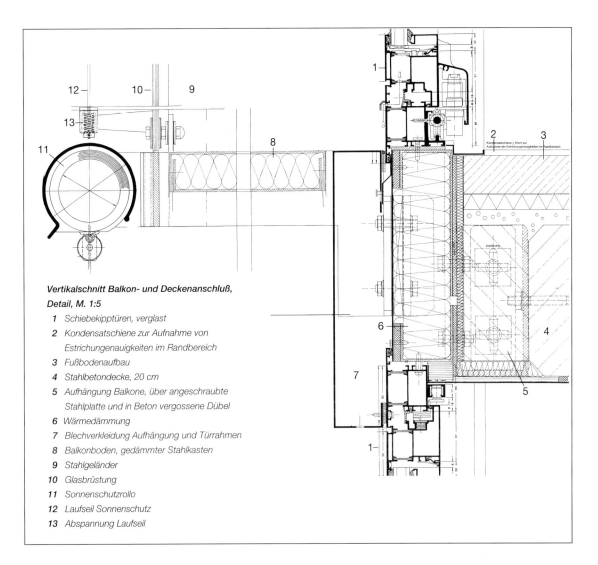

**Vertikalschnitt Balkon- und Deckenanschluß,**
**Detail, M. 1:5**

1 Schiebekipptüren, verglast
2 Kondensatschiene zur Aufnahme von
  Estrichungenauigkeiten im Randbereich
3 Fußbodenaufbau
4 Stahlbetondecke, 20 cm
5 Aufhängung Balkone, über angeschraubte
  Stahlplatte und in Beton vergossene Dübel
6 Wärmedämmung
7 Blechverkleidung Aufhängung und Türrahmen
8 Balkonboden, gedämmter Stahlkasten
9 Stahlgeländer
10 Glasbrüstung
11 Sonnenschutzrollo
12 Laufseil Sonnenschutz
13 Abspannung Laufseil

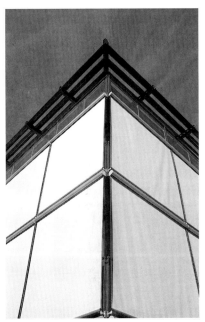

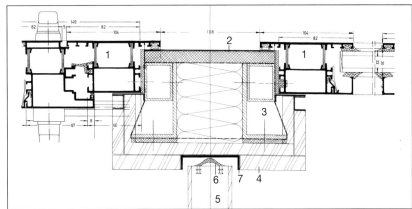

**Horizontalschnitt Anschluß**
**Außenfassade - Schiebekipptürelemente -**
**Innenraum-Schiebetür**
**Detail, M. 1:4**

1 Schiebekipptüren
2 Gedämmte Stahlblechverkleidung
3 Fassadenverankerung über Stahlwinkel
4 Gipskartonverkleidung innen
5 Raumhohe Schiebetür
6 Gummileiste
7 Anlaufprofil Schiebetür

# Normal aber außergewöhnlich

| Objekt: | Altenwohnheim mit Reihenhäusern, |
| --- | --- |
| Standort: | Groningen, Niederlande |
| Architekt: | Claus en Kaan, Amsterdam |
| Baujahr: | 1993 |
| Nutzfläche Altenheim: | 4.900 m² |
| Nutzfläche Reihenhäuser: | 2.400 m² |
| Kosten: | 6,7 Millionen öS oh. MwSt |

### Ausgangslage

Das Landersteinerlaanprojekt ist eine Vervollständigung des „Corpus den Hoorn" -Viertels in Groningen. Städtebaulich ist die Bebauung aus den frühen sechziger Jahren in vier Bereiche, mit jeweils einem eigenen Hauptbau wie Kirche, Schule usw. gegliedert. Als ein Altenwohnheim abgerissen wurde, blieb im Zentrum eine große Lücke, da dieses Ensemble mit der Kirche die gemeinschaftlichen Funktionen übernahm und damit das Herz der Siedlung bildete. Die an diese Stelle getretenen Bauten von Claus en Kaan respektieren den vorhandenen Kontext und verhalten sich gegenüber der Umgebung zurückhaltend, demonstrieren aber durch ihre individuelle Architektur große Eigenständigkeit im Ausdruck.

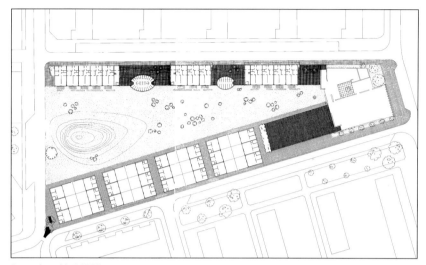

*Lageplan, M. 1:2000*

*Skizze Wegeführung, ohne Maßstab*

## Städtebauliches Konzept

Eine Neubebauung sollte den offenen Charakter der Anlage bestätigen und nicht mit dem Zeilenbau kontrastieren. So verwarfen die Architekten gleich zu Beginn den Vorschlag der Gemeinde, eine Blockrandbebauung zu entwerfen. In Volumen, Größenordnung und Typologie wollten sie sich der Nachbarstruktur anpassen und dadurch deren vergessene Qualitäten stärken. Durch das gekonnte Wechselspiel zwischen architektonischem und städtebaulichem Ansatz erhält die Anlage Größe, obwohl die Baukörper kleiner sind als die der umgebenden Gebäude. Die städtebauliche Organisation bewegt sich um die Gemeindekirche (ein Bau aus den sechziger Jahren des Architekten Beking), die ihrem Umfeld deutlich einen öffentlichen Charakter verleiht und maßgebend für die weitere architektonische Gestaltung ist. Die neuen Bauten umschließen die davorliegende Grünanlage, lassen aber den offenen Charakter des Viertels bestehen.

Die 48 Wohnungen für ältere Menschen befinden sich in drei viergeschossigen, unterschiedlich großen, Baukörpern entlang der nördlich vorbeiführenden Landsteinerlaan.

Die 24 freifinanzierten Reihenhäuser wurden in vier gleiche Baugruppen mit jeweils sechs Einheiten entlang der südlichen Donderslaan gruppiert. Da Grünplanung und Werkplanung gemeinsam entstanden, konnten unterschiedliche Ansätze verknüpft und harmonisch gelöst werden. Bis ins Detail konnten die Außenraum-Gestaltung und die Gebäudearchitektur aufeinander abgestimmt werden. Pflasterungen, Beleuchtung, Pflanzen und Straßeneinrichtung wurden von staatlichen Verteilern gekauft. Dies sichert eine kontinuierliche Wartung und wird über Jahre die Verwahrlosung des gemeinschaftlichen Außenbereiches verhindern.

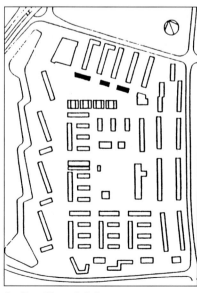

*Position Altenwohnheime*

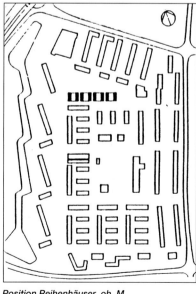

*Position Reihenhäuser, oh. M.*

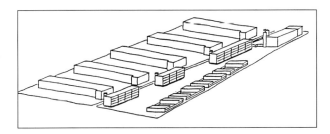

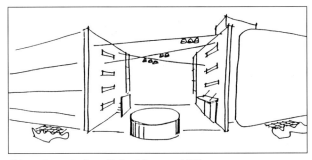
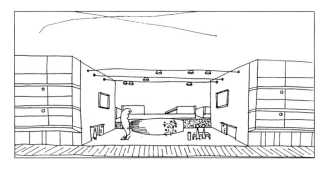

*Skizzen Gesamtanlage, Reihenhäuser und Höfe*

## Architektonische Gestaltung in der sozial durchmischten Gemeinschaft

In Hinblick auf die Umgebung setzten sich die Architekten als Ziel, mit einem minimalen Aufwand an „Design" einen maximalen Effekt zu erreichen. Gestaltung und Materialanwendung der Häuser reflektieren den Charakter des davorliegenden Außenraumes.

Die architektonische Haltung bleibt neutral zur Grünanlage, um sowohl private als auch öffentliche Nutzung zu ermöglichen, spezifisch in den Zugangsbereichen, offen zu den von einer Mauer geschützten Privatgärten. Wo die Gebäude Verkehrswege streifen, ist die Architektur differenzierter, präzise detailliert und anfassbar.

Der Zugangsbereich der Hof-Reihenhäuser wird durch vorgefertigte Betonelemente gestaltet: eine Bank unter dem Küchenfenster und eine vertikale Scheibe seitlich der Eingangstür kennzeichnen, durch diese vertrauten aber neu interpretierte Zeichen, den Weg ins Haus.

Im Gegensatz zu diesen privaten Elementen wurden die Fluchttreppen der Laubengänge der Altenwohnungen als freistehende Objekte konzipiert. Skulpturartig stehen an deren Anfang weiße, seltsam verschnürte Wände mit einem Durchguck. Ein kleines poetisches Zeichen in Kontrast zu den großen Glasfassaden. Von der Grünanlage wird man über verschieden ausgeformte Zwischenstationen zu den verglasten Eingängen der Appartementhäuser geführt. Auch hier ermöglichen die Wegetappen (Eingangshalle, Treppe und Laubengänge) eine ungezwungene Kontaktaufnahme, ein besonders wichtiger Aspekt hinsichtlich der Einsamkeit, unter der speziell ältere Menschen zu leiden haben. Im Außenbereich steht zwischen den Gebäuden ein gemeinschaftlich nutzbarer Hof zur Verfügung.

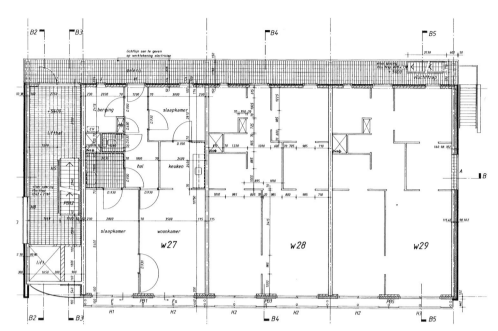

*Position Grundriß*

*Position Ansichten*

*Standardgrundriß Altenheim, M. 1:200*

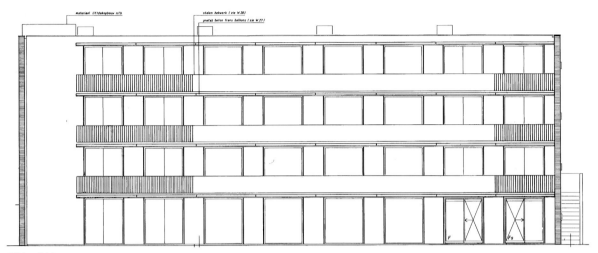

*Südansicht*

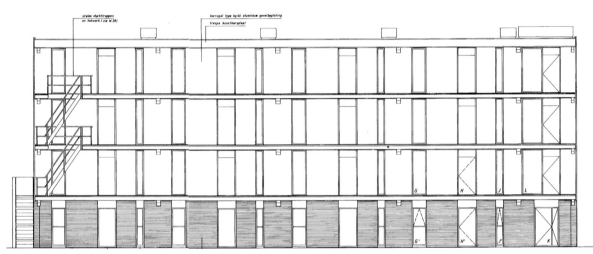

*Nordansicht*

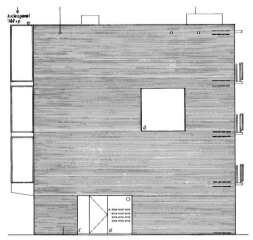

*Westansicht, M. 1:200*

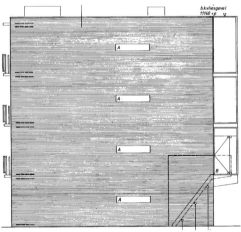

*Ostansicht, M. 1:200*

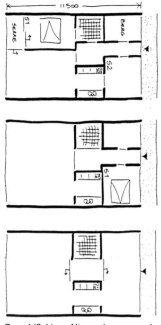

Grundrißskizze Altenwohnungen, oh. M.

Eingangstür Altenheim

Gemeinschaftshof zwischen den Wohnheimen

*Ostseite Altenheim und Zugang Reihenhäuser*

*Erschließungsgasse zwischen Reihenhäusern*

## Grundrisse im Detail

Die Grundrisse der verschiedenen Wohnungen folgen derselben Differenzierung in der Raumfolge von öffentlich zu privat. In den Reihenhäusern sind Wohn- und Schlafräume zum Garten orientiert. Auf der Erschließungsseite sind als Filterzone im Erdgeschoß die Küche mit Vorratsraum, ein Gäste-WC und die Treppe untergebracht, im Obergeschoß ein Bad und ein Hobbyraum bzw. Studio. In den Apartments für ältere Menschen liegen ebenfalls die Nebenräume entlang dem öffentlichen Erschließungsgang. Da dieser komplett verglaste Laubengang über die gesamte Breite auskragt, ergibt sich auf dem Straßenniveau ein überdachter und geschützter Gehbereich. Die sorgfältige und akkurate, gleichzeitig auch einfache und formal reduzierte Detaillierung des Laubenganges gibt ihm Qualitäten eines Innenraumes, die rein gläserne Membrane die Atmosphäre eines öffentlichen, kontaktanregenden Straßenzuges.

Auf der südlichen, zur Grünanlage orientierten Fassade sind die üblichen Balkone durch schmale Austritte und zurückversetzte, wintergartenähnliche Verglasungen ersetzt. Dahinter befinden sich die Wohn- und Schlafräume. Sie können in ihrer Aufteilung den Bedürfnissen des jeweiligen Nutzers angepasst werden.

*Reihenhäuser, Grundrißskizze, ohne Maßstab*

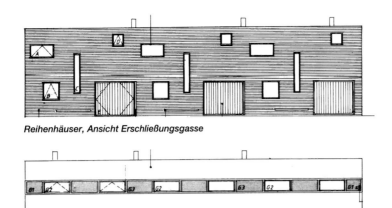

*Reihenhäuser, Ansicht Erschließungsgasse*

*Reihenhäuser, Ansicht Privatgärten*

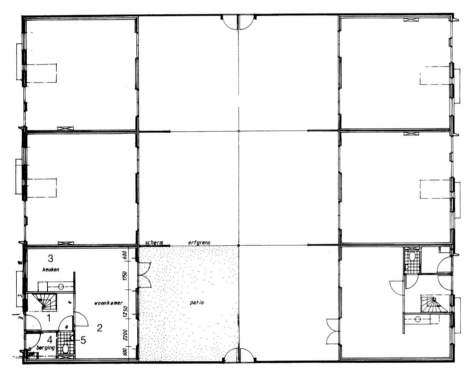

*Grundriß Erdgeschoß, Einheit mit sechs Reihenhäusern*
*und dazwischenliegenden Gärten*

1  Eingang
2  Wohnraum
3  Küche
4  Kammer
5  WC

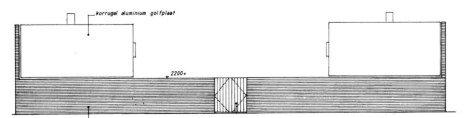

*Seitenansicht Richtung Grünanlage, M. 1:200*

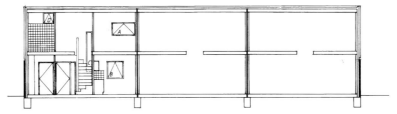

*Querschnitt a-a durch drei Reihenhäuser, Blickrichtung Erschließungsgasse*

*Grundriß Erdgeschoß, Einheit mit sechs Reihenhäusern*
*und dazwischenliegenden Gärten*

1 Schlafraum
2 Studio
3 Bad
4 Kammer
5 Treppenraum

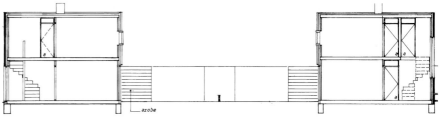

*Längsschnitt durch Reihenhäuser und Innenhof*

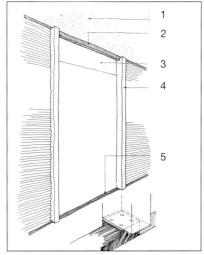

**Perspektivische Skizze Laubengangtür**
**Altenwohnheim Nordfassade, ohne Maßstab**

1   Deckenunterseite, unverputzt
2   Oberlatte mit Dichtungsstreifen
     zu Betondecke, schwarz gebeizt
3   Sperrholztür
4   Meranti Pfosten
5   Natursteinschwelle

*Vertikalschnitt Fensterbereich*
*EG Nordfassade, M. 1:10*

 1   Wärmedämmung
 2   Ansicht Konsole
 3   Holzlatte, schwarz gebeizt
 4   Nut- und Federlattung 19 mm stark,
      rotes Zedernholz
 5   Belüftungsgitter, eloxiertes Aluminium
 6   Drehfenster mit bruchsicherer Verglasung
 7   Fensterbank, Aluminium
 8   Fensterfestrahmen, Aluminium mit
      Wärmedurchgangstrennung
 9   Drehfenster mit Isolierverglasung
10   Sperrholz, 20 mm
11   Mineralwolle 20 mm über Belüftungsgitter
12   Mauerwerk unverputzt, schwarz gestrichen
13   PS Wärmedämmung, 25 mm
14   DPC -Folie

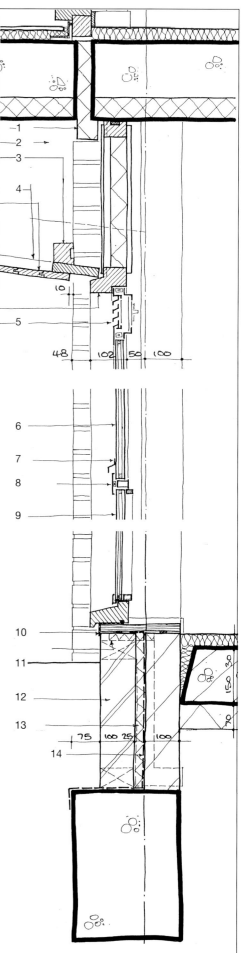

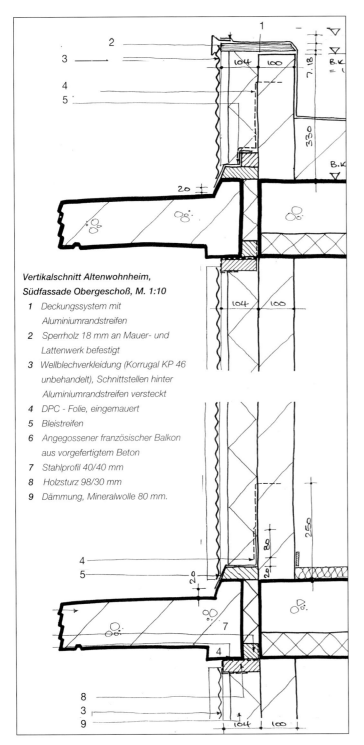

**Vertikalschnitt Altenwohnheim,
Südfassade Obergeschoß, M. 1:10**

1 Deckungssystem mit
  Aluminiumrandstreifen
2 Sperrholz 18 mm an Mauer- und
  Lattenwerk befestigt
3 Wellblechverkleidung (Korrugal KP 46
  unbehandelt), Schnittstellen hinter
  Aluminiumrandstreifen versteckt
4 DPC - Folie, eingemauert
5 Bleistreifen
6 Angegossener französischer Balkon
  aus vorgefertigtem Beton
7 Stahlprofil 40/40 mm
8 Holzsturz 98/30 mm
9 Dämmung, Mineralwolle 80 mm.

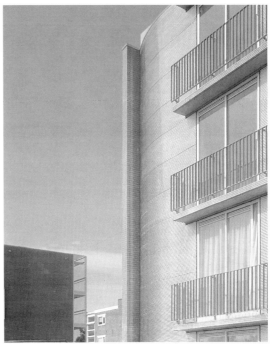

1 PS Wärmedämmung 40 mm
2 Stahlprofil 40/40
3 DPC - Folie
4 Lattenwerk aus Fichtenholz, 90/46 Kant-
  holz für Befestigung an Wellblech
5 Mineralwolle 80 mm
6 Kalksandstein 100 mm
7 Wellblechverkleidung
8 Profilierte Irokolatte, mit Edelstahlschrauben befestigt
9 Verglaste Schiebewand (Elan Brandt)
10 Geländerpfosten an Wohnungstrennung
11 Pfosten zur Balkongeländerbefestigung
12 Balkongeländer, verzinktes vertikales
  Flachstahlprofil
13 Blechstreifen 20 mm Dilatationsfuge

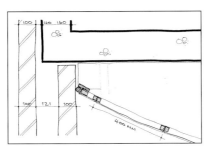

**Horizontalschnitt, M. 1:20, Anschluß
Wellblech an Ziegelwand Aufzugsschacht**

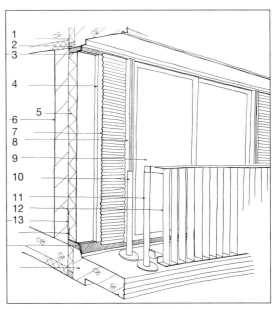

**Perspektivische Skizze, ohne Maßstab**

*Horizontalschnitt Fenster Westfassade,
Detail, M. 1:10*

1 Absturzsicherheitsstange
2 Flachstahl-Blechrahmen 400/10
3 Anschluß Sichtmauerwerk Aufzug
4 Fichtenholz schwarz gebeizt,
   mit Drehhebelprofil verklebt
5 Drehhebelprofil
6 Verglasungskitt, schwarz
7 Stahlwinkel 20/20/3
8 Falzleiste Jansen 406.903
9 Dichtungskitt und Füllung
10 Verbundglas 12,8 mm

*Vertikalschnitt Fenster Westfassade*

10 Neonlampe über Türrahmen
11 Sturzbewehrung in Betondecke
12 Unterkante Mauerwerk-Fenstersturz
13 Oberkante Mauerwerk-Fensterbrüstung
14 Tropfnase

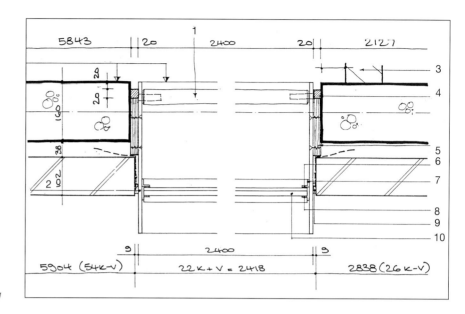

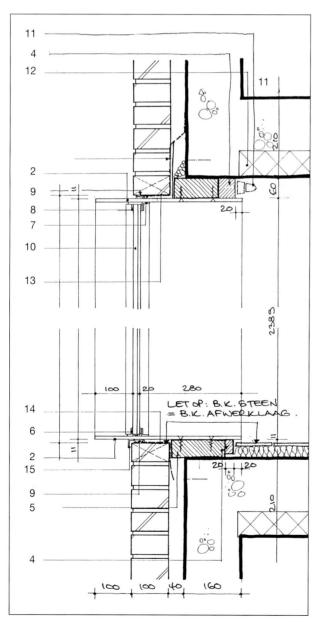

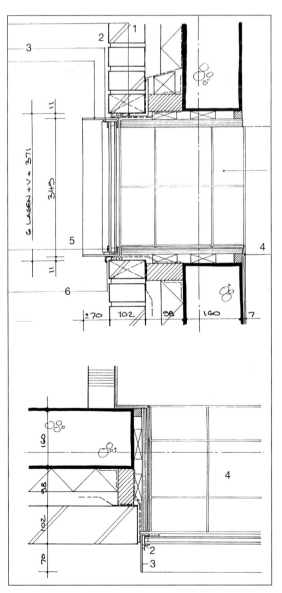

**Detail Schlitzfenster Ostfassade, M. 1:10**

1 Winkelleiste aus galvanisiertem Stahl
2 Falzleiste Jansen
3 Stahlwinkel 100/50/4
4 Verfliese Wand
5 Verglasungskitt schwarz
6 Tropfnasenprofil 20/20/3
7 Dichtungskitt und Füllung

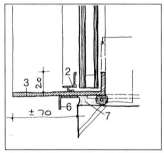

**Vertikalschnitte, M. 1:4**

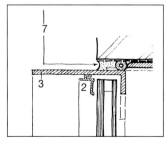

**Anschluß Brüstung und Sturz an
Mauerwerk**

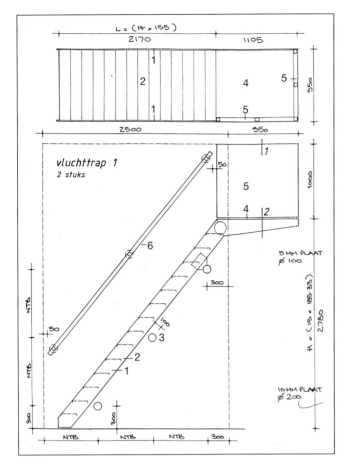

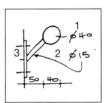

**Fluchttreppe Ostfassade Altenwohnheim.**
*Grundriß und Seitenansicht, M.1:50*
*Sämtliche Stahlteile thermisch verzinkt*
1 Treppenwange, Flachstahl 160/12
2 Gitterroststufen, seitlich angeschraubt
3 Stahlrohre zur Abstützung der
  vorgelagerten Betonwand, sh. Detailschnitte unten
4 Treppenpodest, Gitterrost (Detail 2)
5 Geländer-Stahlplatte, 3 mm dick (Detail 1)
6 Handlauf an Gebäudefassade angeschraubt (Detail 3)

*Detail 3 Handlauf, M.1:5*
1 Stahlrohr Ø 40 mm
2 Angeschweißter
  Rundstahl Ø 15 mm
3 Angeschraubte
  Stahl-Befestigungsplatte,
  Ø 100 mm, 5 mm dick

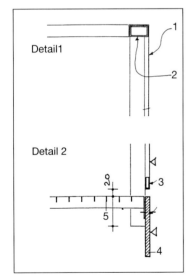

**Details 1 -2 Treppenpodest**
*Vertikale Querschnitte, M.1:5*
*Geländer - Wangenanschluß*
1 Geländerstahlplatte 3 mm
2 Abschlußprofil Stahlkasten 55/50/5
3 Aussteifungsflachstahl
4 Treppenwange, Flachstahl 160/12
5 Gitterrost Podest

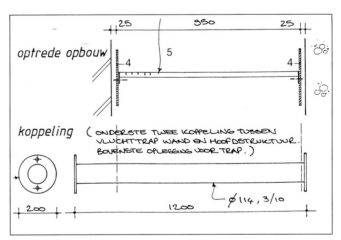

*Detailschnitte, M.1:20 ,*
*Querschnitt durch Treppenlauf, links Wand Ostfassade, rechts skulpturale*
*Betonwand mit organischem Durchguckfenster,*
*Querschnitt durch Betonwand abstützende horizontale Stahlrohre Ø 100*

# Internationale Wohngemeinschaft

| | |
|---|---|
| Objekt: | Studentenwohnheim |
| Standort: | Graz, Steiermark |
| | Österreich |
| Architekt: | Klaus Kada, Graz |
| Umbauter Raum: | 28.900 m$^2$ |
| Bebaute Fläche: | 1.888 m$^2$ auf |
| | 6.433 m$^2$ Grundstücksfl. |
| Nutzfläche: | 8.800 m$^2$ |
| Kosten: | 73.500.000 öS oh. Nebenkosten |

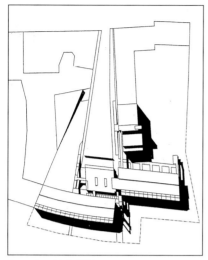

*Lageplan, M. 1:2000*

## Ausgangslage

An der Peripherie der Stadt Graz, etwas abseits vom unmittelbaren Verkehrslärm, entstand nach einem Wettbewerb ein neues Studentenwohnheim zur Unterbringung nicht ortsansässiger Studenten. Deren Bau und Verwaltung ist seit den zwanziger Jahren nicht einzig Aufgabe der öffentlichen Hand und der kirchlichen Hochschulgemeinden, sondern auch zunehmend privater Trägerorganisationen, wie Stiftungen, Vereinen oder Körperschaften. Die Wirtschaftshilfe für Arbeiterstudenten Graz (WIST-Stei-

ermark), die den Bau mit Hilfe öffentlicher Subventionen errichten konnte, entstand schon 1923 im Zuge der damaligen sozialdemokratischen Bildungskonzeption. Durch den Neubau erhielt die Universitätsstadt Graz (über 35.000 Studenten) mit 224 Plätzen in 47 Wohneinheiten einen zehnprozentigen Zuwachs der dringend notwendigen Unterkünfte.

## Entwurf

Der Wettbewerbs-Preisgewinner Klaus Kada schlägt in seinem Entwurf eine Hofrandbebauung vor, die von städtebaulichen Kriterien, der äußeren und inneren Verkehrserschließung sowie einer möglichst gleichmäßigen Belichtung und Besonnung geprägt ist. Über die T-förmige Anordnung der drei Bauteile wird es möglich, einen großzügigen, für Graz typischen Innenhof zu erhalten. Zwei zueinander parallele Baukörper bilden in nordöstlicher Richtung den Abschluß des Hofes. Quer dazu verlängert ein Baukörper ein bestehendes siebengeschossiges Wohnhaus in Form eines abgestuften Anbaus. Es entstehen dadurch ein großer öffentlicher und ein mehr privater Innenhof. Die Haupterschließungsachse liegt entlang dieser Baukörper, sie berührt alle Bauteile und endet am Treppenturm, ohne daß dieser be-

sonders markiert wird.
Die Urbanität im Hofbereich soll auch eine Bereicherung des Stadtteils darstellen. Ein großes Angebot an Gemeinschaftsräumen, ein integriertes Kulturzentrum mit einem Veranstaltungssaal und Seminarräumen, ein Café, eine Sauna, ein Fitneßraum, ein Musikzimmer und ein Kinderspielplatz ermöglichen außerdem die Integration und verhindern eine studentische Gettobildung. Im Inneren kreuzt sich die zentrale Achse mit den Wegen der Haupteingänge an der gegenüberliegenden Wienerstraße und bildet in der Querrichtung den Lichtraum, an dem sich die öffentlichen und gemeinschaftlichen Räume anschließen. An diesen Schnittpunkten befinden sich auch die vertikalen Verkehrsverbindungen. Die horizontale Erschließung in den Obergeschossen erfolgt über Laubengänge. Sie stellen ein halb öffentliches und halb privates System dar, das als Wohnungserweiterung zu einer zwanglosen Intergration des privaten Bereichs in den Gesellschaftsbereich führt. Die Wohneinheiten sind meist zweigeschossig. Die Einzelzimmer orientieren sich zu den ruhigeren, vom Laubengang abgewandten Seiten und bilden gleichzeitig den Konzen-trationsbereich. Die Sanitärbereiche liegen im Hintergrund, sind aber den Zimmern direkt zugeordnet.

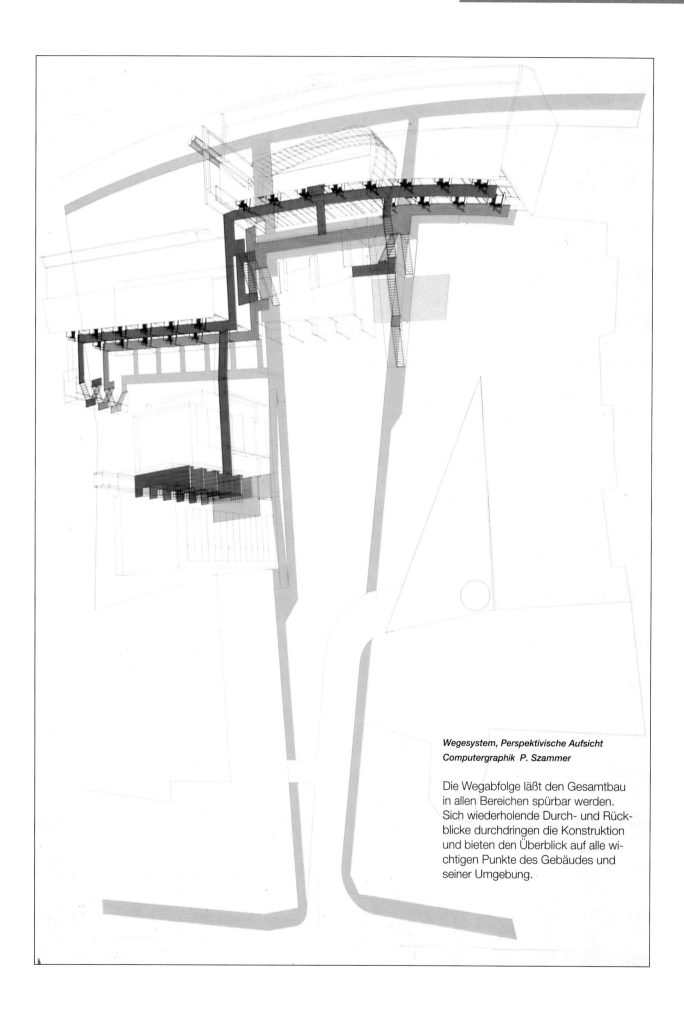

*Wegesystem, Perspektivische Aufsicht*
*Computergraphik P. Szammer*

Die Wegabfolge läßt den Gesamtbau
in allen Bereichen spürbar werden.
Sich wiederholende Durch- und Rück-
blicke durchdringen die Konstruktion
und bieten den Überblick auf alle wi-
chtigen Punkte des Gebäudes und
seiner Umgebung.

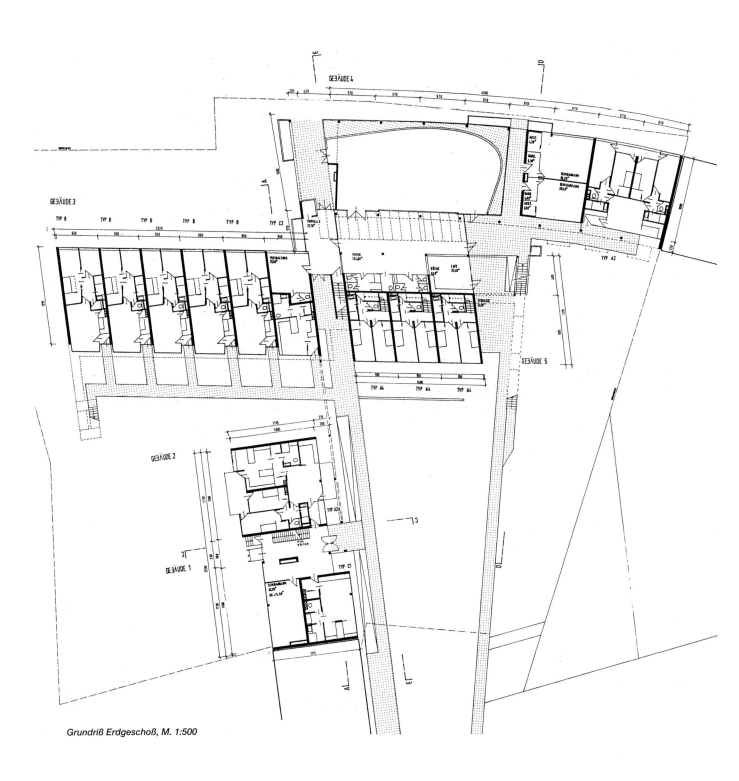

*Grundriß Erdgeschoß, M. 1:500*

## Gemeinschaft

Das Gesamtkonzept fördert die Begegnung und Kontaktaufnahme unter den Bewohnern. Dazu tragen die Baukörperstellung und die Wegeführung ebenso bei, wie die Gemeinschaftsräume und die Gliederung der einzelnen Wohneinheiten. Das Prinzip der Verknüpfung privater und öffentlicher Bereiche setzt sich auch in den Wohneinheiten fort. Die insgesamt sechs Wohnungstypen variieren in ihrer Größe zwischen 41 und 108 m², worin zwei bis sechs Personen Platz finden. Größeren Eß-und Aufenthaltsräumen sind kleine Lern-und Schlafzellen zugeordnet. Die zweigeschossigen Maisonetten bieten eine weitere Trennungsmöglichkeit innerhalb der kleinen Wohngemeinschaften. Jede Einheit hat mindestens eine gedeckte Freifläche oder Terrasse, wobei die „Sitzbalkone" und ihre roten Blickschutzpaneele in Kombination mit einer vorgeschriebenen Fluchtmöglichkeit dieser besonderen, bewohnbaren Fassade eine charakteristische Struktur verleihen. Zusätzlich stehen zwei Behindertenwohnungen und fünf Kleinwohnungen, für Familien auswärtiger Studenten, zur Verfügung.

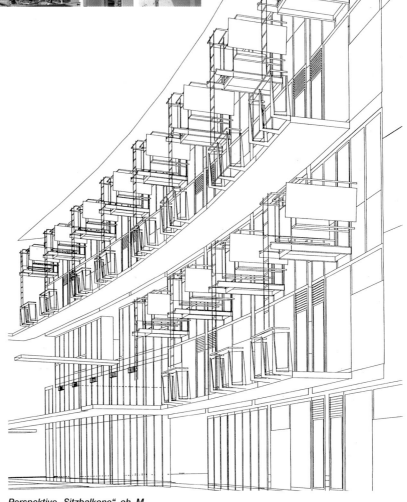

*Perspektive „Sitzbalkone", oh. M.*

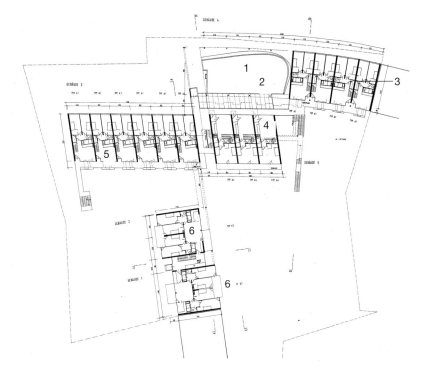

**Grundriß, 1. Obergeschoß**

1 Luftraum Saal
2 Luftraum Café
3 Wohnungstyp 6
4 Wohnungstyp 4 UG
5 Wohnungstyp 6A UG
6 Wohnungstyp 3

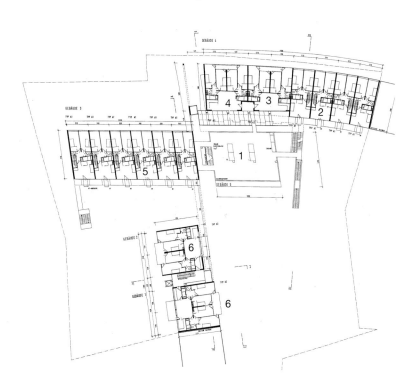

**Grundriß, 2. Obergeschoß, M. 1:1000**

1 Gemeinschaftsterrasse
2 Wohnungstyp 6 OG
3 Wohnungstyp 7
4 Glasdach Café
5 Wohnungstyp 6A OG
6 Wohnungstyp 3

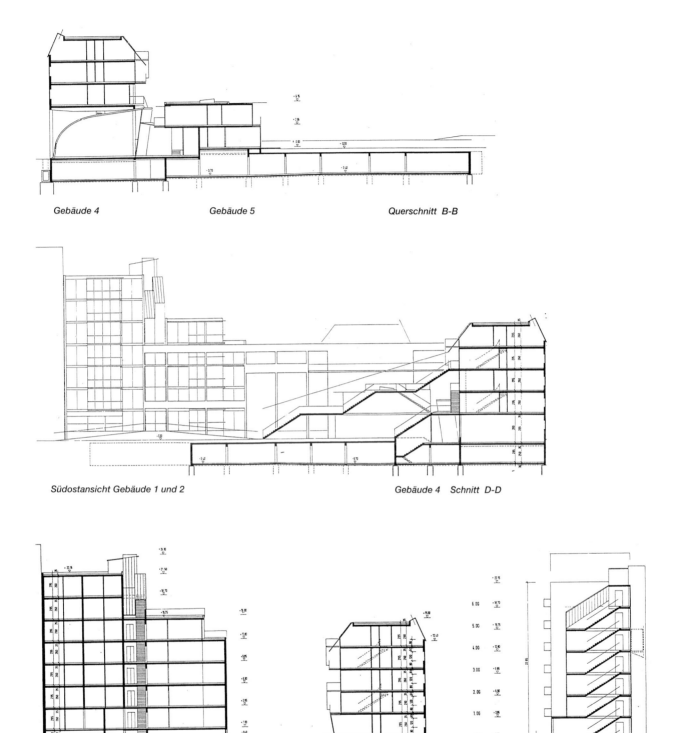

Gebäude 4          Gebäude 5                    Querschnitt B-B

Südostansicht Gebäude 1 und 2                  Gebäude 4   Schnitt D-D

Gebäude 1          Gebäude 2          Gebäude 3, Schnitt A-A          Gebäude 1, Schnitt C-C, M. 1:500

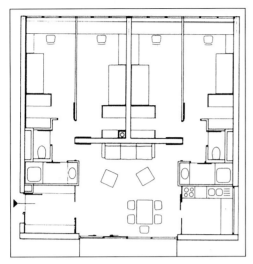

*Wohnungstyp 3*

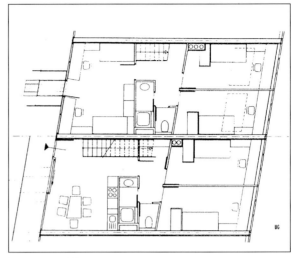

*Wohnungstyp 6A*

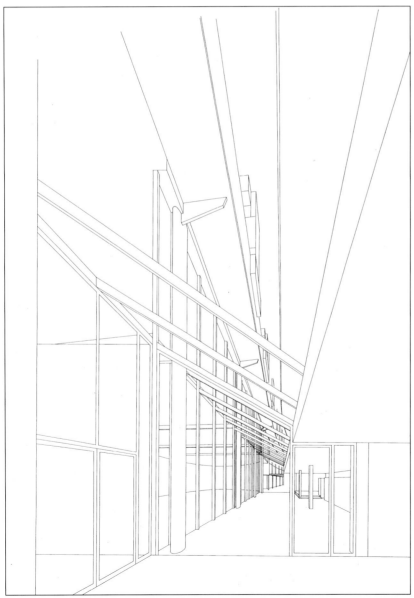

*Perspektive innerer Erschließungsachse*

*Wohnungstyp 3, 106 m²*
Diele, Wohn-Eßraum+Küche
4 Einzelzimmer
2 WC, 2 Duschen

*Wohnungstyp 6A, 108 m²*
2geschosssig, 6 Personen
Wohnküche, 4 Einzelzimmer,
1 Doppelzimmer, Dusche+WC

*Wohnung für Kleinfamilie*
*Typ 5, 63 m²*
Wohnküche, 1 Kinderzimmer,
1 Doppelzimmer, Schrankraum,
Dusche, WC

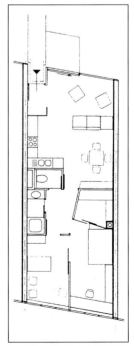

*Wohnungstyp 5*

*Veranstaltungssaal*

## Gedanken eines durchschnittlichen Studenten

Glücklich, einen Platz in einem Studentenwohnheim bekommen zu haben, zogen wir in der Wiener Straße 58a ein (...). Schön langsam lernen wir auch andere Studentenheime kennen - wir besuchen Freunde und Studienkollegen, und wir sind auf manchen Heimfesten vertreten. Da merkt man schon den Unterschied, wenn man diverse Heime mit dem WIST-Heim vergleicht - keine engen Zimmer, das Verhältnis Personen/Badezimmer ist deutlich besser als in anderen Heimen, es gibt keine dunklen, langen Korridore, und das Preis-Leistungs-Verhältnis ist auch zum Vorzeigen. Durch die Gliederung in separate Wohnungen kommt teilweise Familiensinn auf, wir lernen schnell, miteinander umzugehen, und organisieren uns unser Zusammenleben. „Putzpläne" werden erstellt, ge-meinsame Anschaffungen getätigt, jeder trägt etwas zum gemeinschaftlichen Komfort bei. Durch die offene Architektur mit den großen Glasfronten finden wir schnell Freunde und gute Bekannte, und zwar, was besonders wichtig ist, Freunde aus allen Studienrichtungen. Wir können uns gut ergänzen (...). So nach und nach wird unser ohnehin schon tolles Heim noch besser, seit März ist eine Sauna geöffnet, ein Tischtennistisch ist angeschafft worden, das Café eröffnet...Natürlich findet man immer Kritikpunkte, aber (...) ich bleibe hier, bis ich rausgeschmissen werde!!!

*Wolfgang Dautermann*

# Struktur – Konstruktion

- Systembauweise
- Ökologische Ansätze
- Material

# Systembauweise

# Experimentelles Minimalhaus

| Objekt: | Provisorisches Einfamilienhaus |
|---|---|
| Standort: | Almere bei Amsterdam, Niederlande |
| Architekten: | Jan Benthem und Mels Crouwel, Amsterdam |
| Nutzfläche: | 80 m² mit Terrasse |

## Ausgangslage

Radikal neue Wohnexperimente sind im Verhältnis zum entstehenden Bauvolumen eine Seltenheit. In den liberalen Niederlanden gehören sie allerdings schon fast zur Bautradition. Wo normalerweise solche Versuche den Architekten überlassen werden und sich Realisierungen nur dort ergeben, wo diese für sich selbst bauen oder in wenigen Glücksfällen auf motivierte Bauherren treffen, fordert der niederländische Staat seit Jahren neue Bauexperimente. Auch in diesem Fall ist der Architekt mit Familie der Bewohner, nur ergab sich diese Situation anders als gewöhnlich. Ein öffentlicher Wettbewerb in Almere, ein Poldergelände in Amsterdams Nähe, war der Ausgangspunkt des Geschehens. Inhalt der Ausschreibung war der Entwurf eines Gebäudes, daß ohne inhaltliche Vorbestimmungen in kurzer Zeit montiert und nach fünf Jahren, ohne Spuren zu hinterlassen, wieder abgebaut werden konnte. Der zu gewinnende Preis: die freie Nutzung des Baus über fünf Jahre.

## Der Entwurf

Die Entstehung liegt schon länger zurück, trotzdem ist der Bau nach wie vor aktuell. Abgebaut wurde er noch nicht, denn die Fünf-Jahres-Frist wurde glücklicherweise verlängert. Konzept und Zeichnungen entstanden in elf Stunden, die Architekten bekamen nämlich die Wettbewerbsunterlagen am Tag vor der Abgabefrist. Ihr Ausgangspunkt für diese Schnellentwurfsaufgabe war die Forderung, das Haus spurlos abbauen zu können. Da in diesem Fall die üblichen Finanzierungswege nicht in Frage kamen (die Baukosten sollten die zehn Gewinner selber tragen), mußten Bausysteme gefunden werden, die nicht nur preiswert, sondern auch in ihren Teilen wiederverwendbar waren. Auch normale Fundamente mußten ausgeschlagen werden, der Bau sollte leicht und zum Umzug bereit sein. Auf das Minimum reduzierte Anforderungen wurden auch an den 8x10 Meter großen Grundriß gestellt. Das Grundprogramm beinhaltet ein Wohnzimmer, eine davor gelagerte Terrasse mit Blick auf den Kanal, zwei kleine Schlafkojen, das Bad und die Küche.

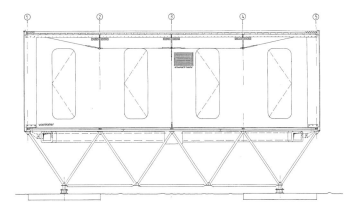

*Querschnitt a-a, Wohnraum*

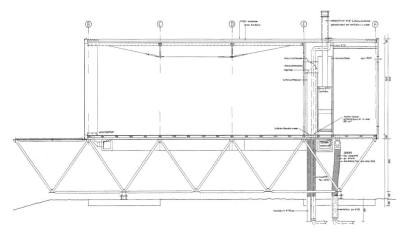

*Längsschnitt b-b*

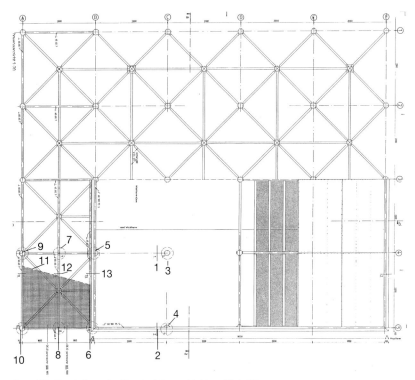

*Grundriß, Darstellung der Konstruktionsschichten, M. 1:100*

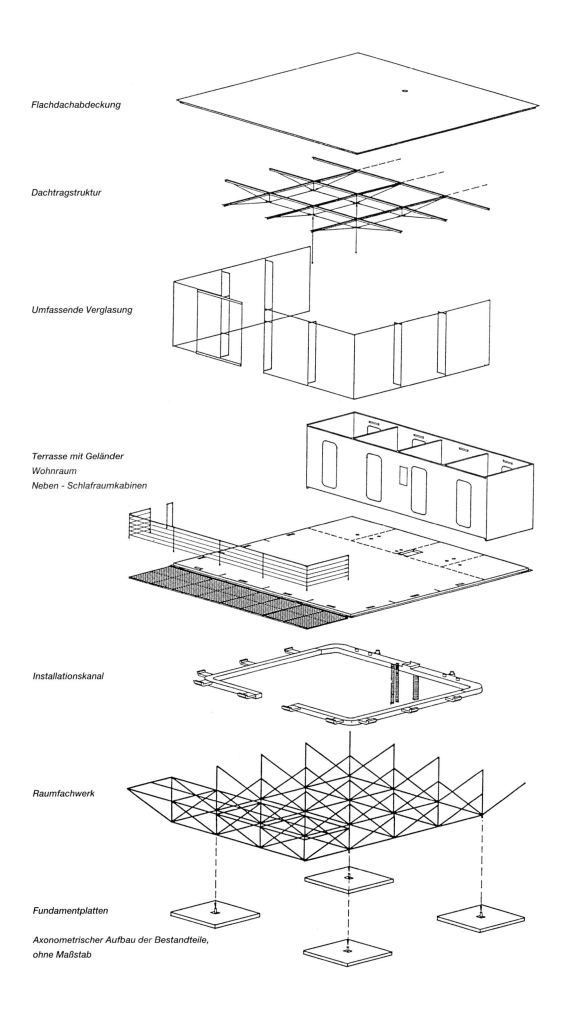

Flachdachabdeckung

Dachtragstruktur

Umfassende Verglasung

Terrasse mit Geländer
Wohnraum
Neben - Schlafraumkabinen

Installationskanal

Raumfachwerk

Fundamentplatten

Axonometrischer Aufbau der Bestandteile,
ohne Maßstab

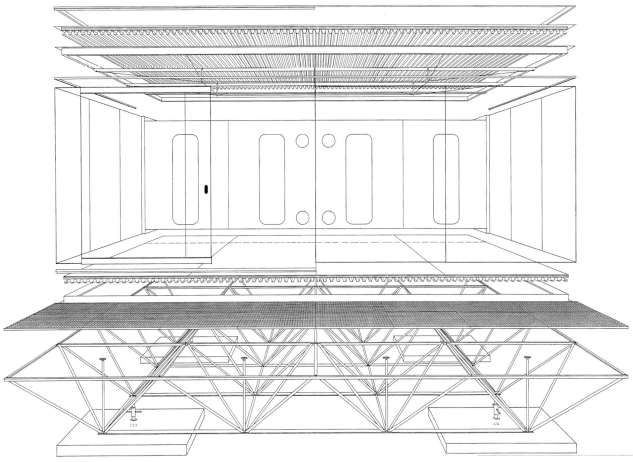

*Perspektive der Konstruktionsschichten*

### Konstruktion

Voraussetzung für die Auswahl des konstruktiven Systems war die Notwendigkeit, ein leichtes und kostengünstiges Haus zu erstellen. Die Anzahl der Bestandteile mußte so weit als möglich reduziert, das Material und dessen Gewicht auf das absolute Minimum beschränkt werden und die Teile möglicherweise fix und fertige, wiederverwendbare Systembauelemente sein. Das Ergebnis dieser Überlegungen gestaltete sich folgendermaßen: Als grundlegendes Raster für alle Bestandteile ist eine Bettlänge (2 m) festgelegt; Als Fundamente werden an den vier Ecken 2,0 x 2,0 Meter große und 15 cm dicke Betonplatten direkt auf Geländehöhe gesetzt. Das darüberliegende tragende Raumfachwerk ist mit verschraubten Stahlwinkeln daran befestigt. Über diesem besonders leichten aber auch sehr tragfähigen System befinden sich als Fuß- und Dachbodenunterlage iso-

lierte Trapezbleche. Über dem 48 m² großen Wohnraum liegt eine Decke, die ebenfalls als Raumfachwerk ausgebildet ist. Hier übernehmen längs- und quer abgespannte Stahlseile die Zugkräfte, während der Druck von doppelt angebrachten L-Profilen (75/40/3) aufgenommen und über die Aussteifung der Umschließungswände abgetragen wird. An den zwei zentralliegenden Knotenpunkte verbinden vertikale Stahlseile die Dachkonstruktion mit dem Raumfachwerk unter dem Fußboden. Die geschlossenen Umfassungswände der kabinenartig eingesetzten Schlaf- und Nebenräume bestehen aus vorgefertigten Sandwichpaneelen, während der Wohnraum von 2,0 x 2,65 m großen und 12 mm dicken, mit Silikon verklebten, Glasflächen umschlossen ist. Dazu quergestellte, 32 cm tiefe Elemente, ebenfalls aus temperiertem Glas (15 mm dick), sorgen für die Aussteifung und übernehmen einen Teil der Dachlast.

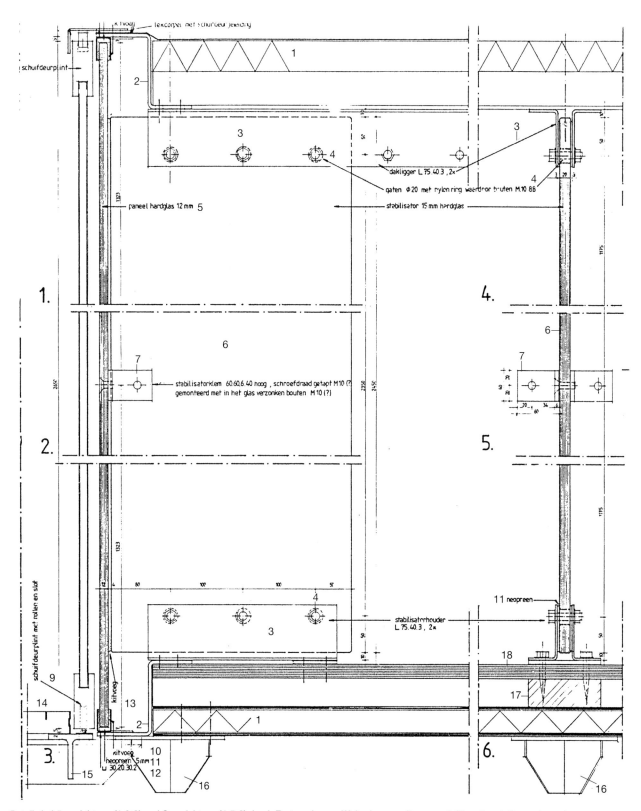

Details in Längsrichtung (1-2-3) und Querrichtung (4-5-6) durch Festverglasung Wohnzimmer mit quergestelltem Aussteifungselement und Schiebetür am Übergang zur Terrasse. Beschreibung sh. Legende Horizontalschnitt auf der nächsten Seite.
Vertikalschnitt , M. 1:5

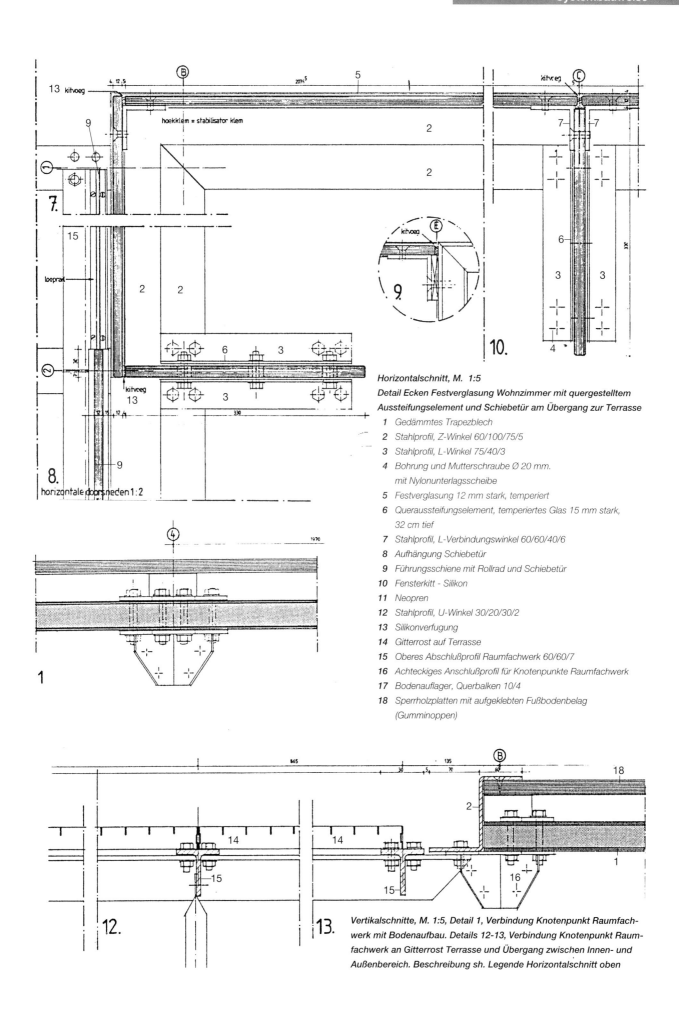

Horizontalschnitt, M. 1:5

Detail Ecken Festverglasung Wohnzimmer mit quergestelltem Aussteifungselement und Schiebetür am Übergang zur Terrasse

1 Gedämmtes Trapezblech

2 Stahlprofil, Z-Winkel 60/100/75/5

3 Stahlprofil, L-Winkel 75/40/3

4 Bohrung und Mutterschraube Ø 20 mm. mit Nylonunterlagsscheibe

5 Festverglasung 12 mm stark, temperiert

6 Queraussteifungselement, temperiertes Glas 15 mm stark, 32 cm tief

7 Stahlprofil, L-Verbindungswinkel 60/60/40/6

8 Aufhängung Schiebetür

9 Führungsschiene mit Rollrad und Schiebetür

10 Fensterkitt - Silikon

11 Neopren

12 Stahlprofil, U-Winkel 30/20/30/2

13 Silikonverfugung

14 Gitterrost auf Terrasse

15 Oberes Abschlußprofil Raumfachwerk 60/60/7

16 Achteckiges Anschlußprofil für Knotenpunkte Raumfachwerk

17 Bodenauflager, Querbalken 10/4

18 Sperrholzplatten mit aufgeklebten Fußbodenbelag (Gumminoppen)

Vertikalschnitte, M. 1:5, Detail 1, Verbindung Knotenpunkt Raumfachwerk mit Bodenaufbau. Details 12-13, Verbindung Knotenpunkt Raumfachwerk an Gitterrost Terrasse und Übergang zwischen Innen- und Außenbereich. Beschreibung sh. Legende Horizontalschnitt oben

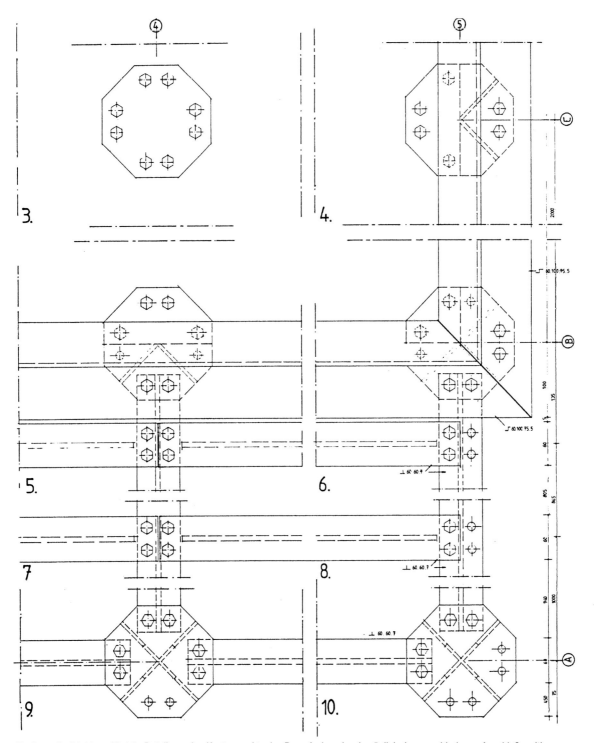

*Horizontalaufsichten, M. 1:5, Details an den Knotenpunkte des Raumfachwerkes bezüglich der verschiedenen Anschlußpositionen (sh. Grundriß 1:100)*

# Aus gleichen Elementen

| Objekt: | Einraumhaus als Gartenhaus |
|---|---|
| Standort: | Meckenbeuren, Bodensee |
| Architekten: | G. Jauss und H. Gaupp |
| | Friedrichshafen, Bodensee |
| Baujahr: | 1994 |
| Bauzeit: | Mai-Oktober 1994 |
| Fläche: | 55 m$^2$ |
| Kosten: | ca. 2.700.-DM/m$^2$ |

## Ausgangslage

Im Garten des Wohnhauses der Familie Gaupp sollte ein kleines Haus entstehen, das als Atelier, als Gartenhaus, als Gäste- oder Alterswohnung genutzt werden konnte. Der Bau sollte mit möglichst wenig Bauaufwand vor Ort errichtet werden können, und so entwickelte der Architekt H. Gaupp ein Gebäude, dessen Gerüst aus acht Tafeln besteht und an einem Tag aufgestellt werden konnte.

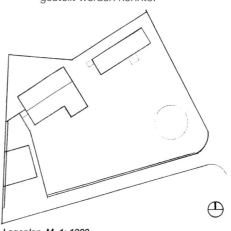

*Lageplan, M. 1: 1000*

## Konzeption

Die Architekten Jauss und Gaupp aus Friedrichshafen suchen in den meisten Fällen nach einer möglichst schlichten Lösung. Diese Maxime steht auch zu diesem, wohl kleinsten Projekt im bisherigen Werk der Architekten Pate: einem Minimalhaus im Garten der Familie Gaupp. Das Einraumhaus soll verschiedene Funktionen, des gemeinsamen Lebens erfüllen. So dient es zum einen als Atelier des Hausherren, es soll aber auch als Wohnhaus für eine Person geeignet sein oder Gästen die Möglichkeit, geben, zu übernachten. Auch die Möglichkeit, das kleine Haus als Altenteiler zu benutzen, sollte offen bleiben. Im Vordergrund stand aber ein Raum, der für familiäre Gemeinsamkeiten genutzt werden konnte.

Daneben wollte man den Bauprozeß nutzen, das Entstehen eines Hauses hautnah zu begreifen.

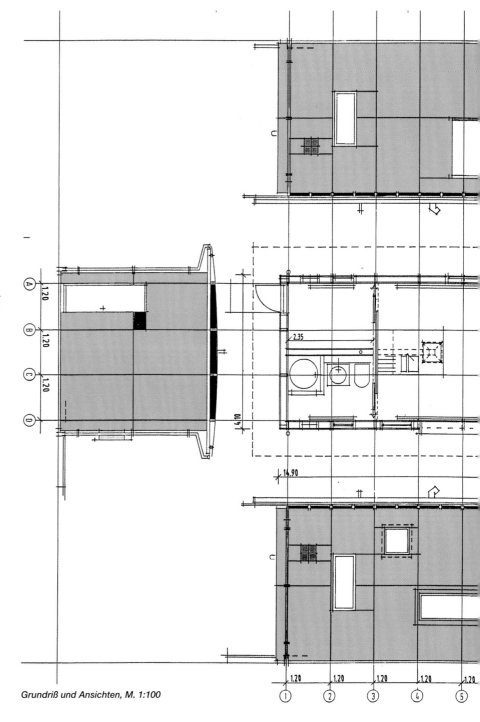

*Grundriß und Ansichten, M. 1:100*

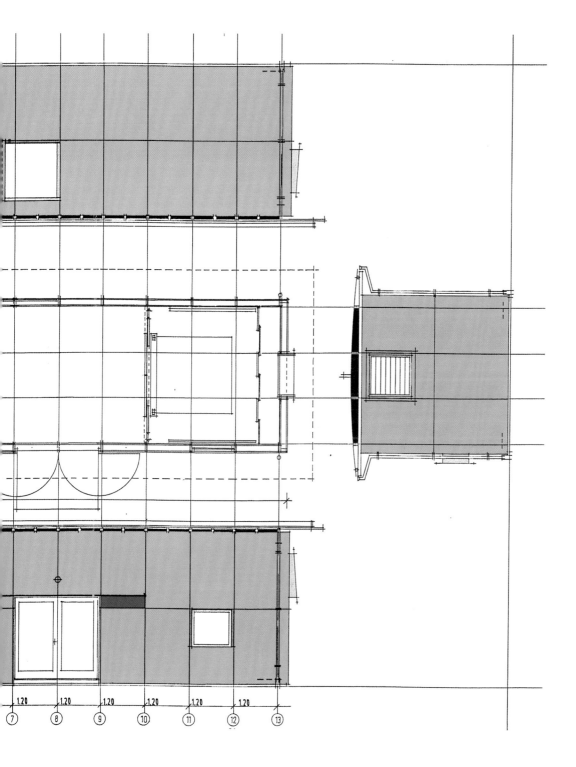

1.20  1.20  1.20  1.20  1.20  1.20

⑦  ⑧  ⑨  ⑩  ⑪  ⑫  ⑬

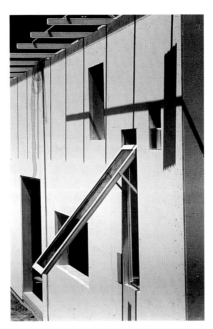

## Konstruktion

Das Grundgerüst des Hauses besteht aus acht vorgefertigten Holztafelelementen, die innerhalb eines Tages mit Hilfe eines Mobilkranes aufgestellt wurden. Zunächst sind die sechs Wandelemente auf die bauseitig vorbereitete Betonplatte aufgestellt worden. Anschließend bekam die Dachfläche des 15,00 mal 3,60 m messenden Hauses mit zwei identischen Deckenelementen einen wärmegedämmten Abschluß. Wand- und Deckenelemente sind auf dem gleichen Achsmaß von 60 cm aufgebaut, auf dem die gesamte Rahmenkonstruktion beruht. Der tragende Rahmen besteht aus Kanthölzern mit dem Querschnitt 60 mal 160 mm. Die Zwischenräume sind vollflächig mit Mineralwolle gedämmt und innen mit zwei Lagen Gipskartonplatten beplankt. Die äußere Konstruktionsschale besteht aus einer wasserfest verleimten Spanplatte. Das noch fehlende Finish der Außenwandbekleidung geschah nun im Selbstbau durch die Bauherren. Auf die Spanplatten sind im genauen Raster Kanthölzer befestigt worden, die als Unterkonstruktion und gleichzeitig zur Hinterlüftung dienen. Auf die Kanthölzer sind lasierte Faserzementplatten geschraubt, die auf einer Gummidichtung auf den Kanthölzern aufliegen. Nur die ungestörten Plattenfelder sind mit Edelstahlschrauben befestigt, während bei den durch Fenster oder Türen unterbrochenen Feldern Schrauben mit blau eingefärbten Köpfen benutzt wurden.

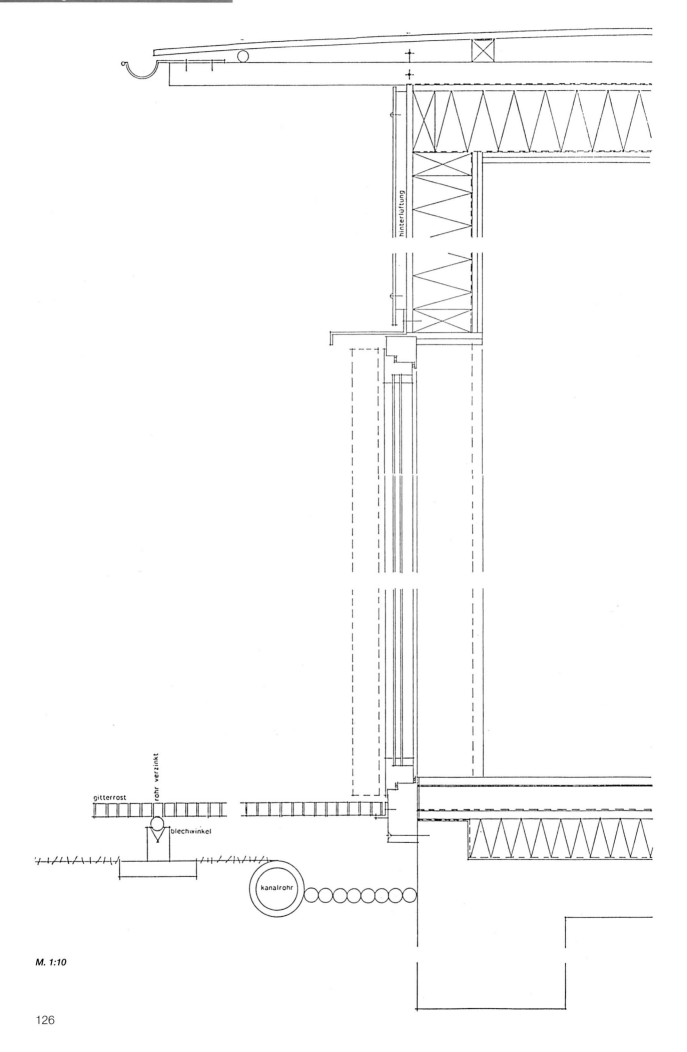

hinterlüftung

gitterrost

rohr verzinkt

blechwinkel

kanalrohr

*M. 1:10*

Das Dach besteht aus Aluminiumwell-
blechen, die auf Kanthölzer aufge-
drückt und festgeschraubt sind. Auf
diese Weise entstand ein leicht bom-
biertes Dach, das gerade genug Nei-
gung besitzt, um das Wasser auf die
Seiten abzuleiten.

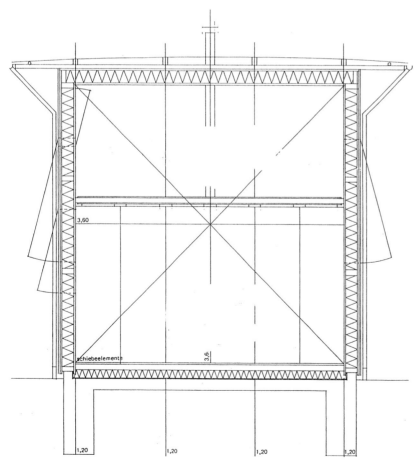

*Gesamtquerschnitt durch das Atelierhaus, M. 1:50*

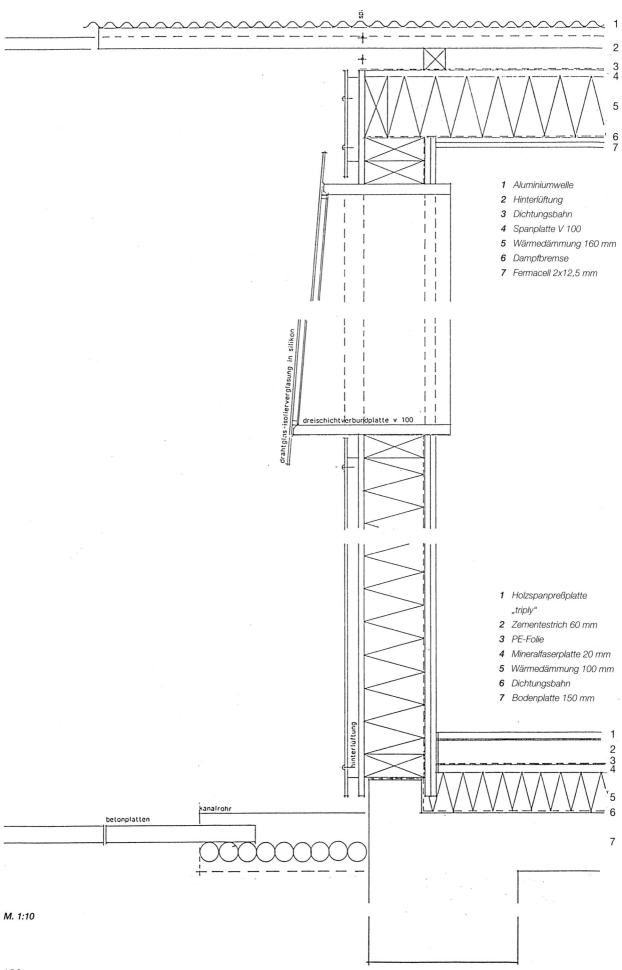

1 Aluminiumwelle
2 Hinterlüftung
3 Dichtungsbahn
4 Spanplatte V 100
5 Wärmedämmung 160 mm
6 Dampfbremse
7 Fermacell 2x12,5 mm

drahtglas-isolierverglasung in silikon

dreischichtverbundplatte v 100

hinterlüftung

1 Holzspanpreßplatte
  „triply"
2 Zementestrich 60 mm
3 PE-Folie
4 Mineralfaserplatte 20 mm
5 Wärmedämmung 100 mm
6 Dichtungsbahn
7 Bodenplatte 150 mm

kanalrohr

betonplatten

M. 1:10

## Provokative Öffnungen

Die Fenster zeigen sich in ihren unterschiedlichen Aufgaben auch mit sehr verschiedenen Detailausbildungen. Für Öffnungsflügel sind dänische Klappfenster verwendet worden. Andere Fensterflächen, die als Glasbausteine gesetzt sind, erzeugen diffuses Licht. Ein im Detail äußerst miniertes Fenster findet sich in der Eigenkonstruktion, die nur aus einem angefasten Brettschichtholzrahmen besteht, auf den mit elastischer Fugendichtmasse eine Isolierglasfensterscheibe aufgeklebt ist. Die äußere Scheibe des Isolierglases steht dabei allseits um ca. 10 cm über und deckt den Rahmen ab.

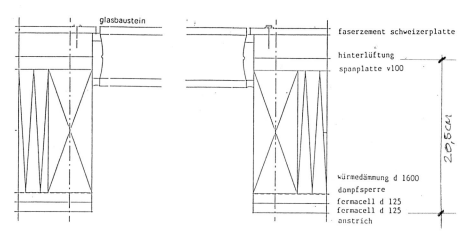

glasbaustein

faserzement schweizerplatte

hinterlüftung

spanplatte v100

20,5 cm

würmedämmung d 1600

dampfsperre

fermacell d 125

fermacell d 125

anstrich

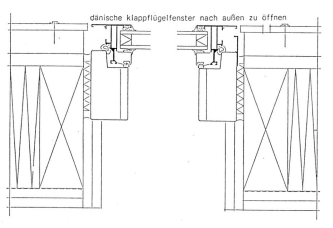

dänische klappflügelfenster nach außen zu öffnen

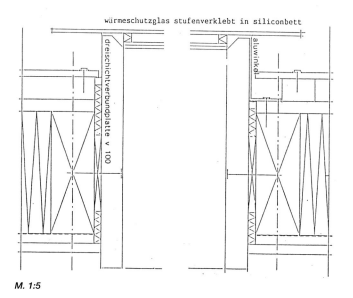

würmeschutzglas stufenverklebt in siliconbett

dreischichtverbundplatte v 100

aluwinkel

M. 1:5

### Einfacher Innenraum

Der lange, schmale Innenraum mit seinem Querschnitt von 3,60 x 3,60 m. besitzt als Festeinbauten nur Naßzelle, Kochstelle und einen Abstellraum mit Garderobe. Die für die jeweilige Nutzung erforderlichen Veränderungen lassen sich durch verschiebbare Raumelemente in kurzer Zeit bewerkstelligen. Der Ausbau zeigt sich in spartanischer Einfachheit. Leichte, MDF-Platten bilden die Trennwände aus. Sie sind an Stahlträgern in halber Raumhöhe montiert und erlauben so die variable Grundrißgestaltung. Da die Trennwände nur halb hoch sind, bleibt der Gesamteindruck des Raumes immer erhalten. Die weiß gestrichenen Gipskartonplatten im Innenraum verstärken diesen kubischen Charakter. Der Bodenbelag aus gepreßten Hobelspanplatten harmoniert mit diesem Innenraumverständnis.

### Präzise Lichtführung

Der Innenraum lebt aber von seinen genau gesetzten Öffnungen, die immer wieder geniale Sichtbeziehungen nach außen freigeben. Sie entstanden vor Ort, noch bevor die Bodenplatte eingebaut war. Der Architekt setzte sich in den Garten, an die Stelle des zukünftigen Eßtisches und zeichnete die Öffnungen in die imaginäre Innenwand.

### Kosten und Zeit

Die entstandene 55 m² Fläche kostete etwa 2.700.- DM pro Quadratmeter. Dies zeigt also, daß ein Fertigteilhaus nicht unbedingt immer gleich kostengünstig ist. Jedoch muß man berücksichtigen, daß die lichte Raumhöhe insgesamt 3,60 m beträgt. Der Quadratmeter Außenwand kostete ca 195.- DM. Damit liegt dieses vorgefertigte Holzhaus im Kostenbereich der Massivbauweise, lediglich der Zeitvorteil ist unschlagbar. Schon nach drei Stunden konnte der Kran wieder abfahren, und vier Wochen später konnte der Bauherr feststellen, daß der Kostenrahmen nicht überschritten wurde.

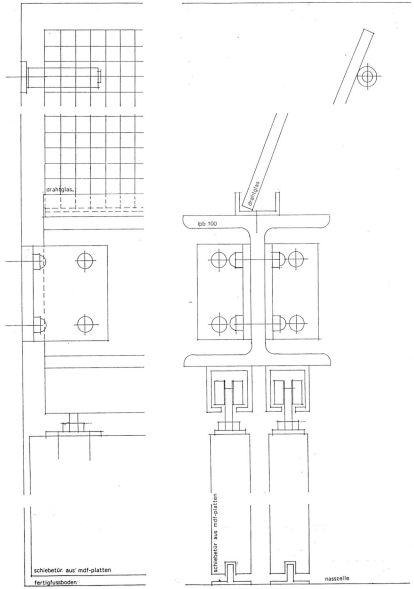

*Detail: Schiebetüren aus MDF-Platten, M. 1:2,5*

# Ökologische Ansätze

# Weitegefühl in 40 m²

| Objekt: | Umbau einer Garage zum Gästepavillon |
|---|---|
| Standort: | Kempsey, Neusüdwales Australien |
| Architekt: | Glenn Murcutt |
| Nutzfläche: | ca. 45 m² |
| Baujahr: | 1992 |
| Fläche: | 55 m² |

## Ausgangslage

Es handelt sich bei diesem Projekt um ein kleines Gästehaus in den nördlichen Wäldern von Neusüdwales in Australien. Architekt und gleichzeitig Bauherr ist der Australier Glenn Murcutt, ein mittlerweile weltweit bekannter Architekt.

Die Knappheit der Zeichnungen ist allerdings in den australischen Breiten üblich, die Anweisungen werden vor Ort und anhand von Skizzen gegeben, zumal es sich in diesem Fall um ein existierendes Gebäude handelt, was der Architekt außerdem für sich und seine Gäste umgebaut hat. Da es mit seiner einfachen Grundhaltung und vorhandenen Materialien zu überraschenden und unüblichen Formen kommt und große Raumqualität besitzt, gehört dieses Haus eindeutig zu den architektonischen Experimenten.

## Entwurf

Dieses kleine Gebäude wurde Mitte der dreißiger Jahre errichtet. Es diente der nebenan liegenden Farm zur Unterstellung des Traktors. Es wurde damals einmal jährlich ausgeräumt, um den Gästen die Möglichkeit zu tanzen zu geben. Als nach wenigen Jahren für die Traktoren eine neue Unterkunft gebaut wurde, diente es als zusätzliche Unterkunft für die angestellten Landarbeiter. Erst in den fünfziger Jahren bekam es einen Fußboden und nach weiteren 20 Jahren wurde eine Glasveranda angebaut. Als Glenn Murcutt den gesamten Hof zum Ferienwohnsitz aufkaufte, entschied er sich dafür, dem Einraumhaus den ursprünglichen Charakter zurückzugeben. Er entfernte die hinzugekommene Veranda und restaurierte sorgfältig die aus lokalem Hartholz bestehende Konstruktion. Die dicken Holzbretter der Außenwände, zum Teil durch neue Fensteröffnungen ersetzt, wurden entfernt, auf ihrer Innenseite abgebeizt und glattgeschliffen. Durch eine neue

Nut-und Federverbindung konnte der Raum dicht abgeschlossen werden. Als auch der alte Fußboden abgeschliffen war, konnten sie wieder montiert werden. Einige Stützen und Aussteifungen kamen dazu, tragfähige Balken wurden instand gesetzt. Angefügt wurden eine kleine Naßzelle an der Westseite mit vorgelagerter, überdachter Eingangsplattform und schräger Zugangsrampe und an der Nordseite (unsere Südseite) eine überdachte Terrasse. Diese beiden hinzugefügten Elemente werden durch ihre besondere Überdachung gekennzeichnet. Wie große, zur Landschaft aufgeklappte Garagentore öffnen sie sich in die Dachgegenrichtung, holen die niedrige Wintersonne ins Haus und schützen vor allzu starker Einstrahlung im Sommer. Um keinen Stimmungsbruch zu erzeugen, wurden sie aus dem Holz einer abgebauten Pergola des Haupthauses konstruiert. Am schwierigsten war, nach Aussage des Architekten, die Einrichtung bzw. die Gliederung des durch zwei große Deckenbalken getrennten Innenraumes. Im ersten Drittel, mit Blick in die Landschaft, befindet sich der Koch- und Eßbereich, in der Mitte liegt gegenüber dem aus Finnland eingeführten Holzofen der Wohnbereich mit einem Bett und zwei Sofas; im Drittel vor der Terrasse und dem seitlichen Badzugang befinden sich ein zweites Bett und weitere Sitzmöglichkeiten.

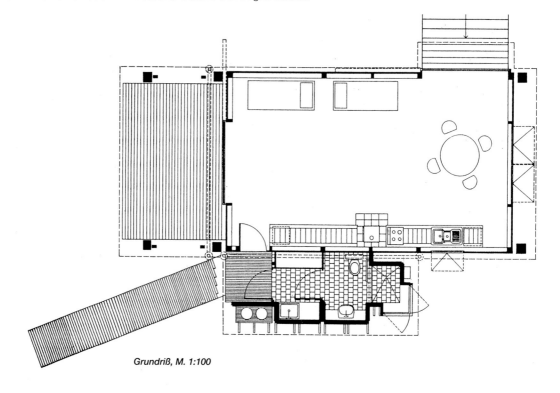

*Grundriß, M. 1:100*

# Einsam und einfach

| | |
|---|---|
| Objekt: | Wohnhaus in der Natur |
| Standort: | Mount Wilson, Neusüdwales |
| | Australien |
| Architekt: | Glenn Murcutt, Mosman Sydney |
| | Australien |
| Bauzeit: | 1989-94 |
| Fläche: | 142 m² Haupthaus |
| | 40 m² Nebengebäude |

## Ausgangslage

Dieses Haus befindet sich in Neusüdwales in Australien. In den Blue Mountains liegt es hundertzwanzig Kilometer nordwestlich von der Hauptstadt Sydney entfernt. Von der Straße etwas abgelegen steht es mitten im Wald, doch schimmert zwischen den Bäumen das weite Panorama der umliegenden Hügeln hindurch. Bauherrn dieser „Eremitage" ist ein älteres Paar, zwei anspruchsvolle Intellektuelle, die sich in der Rente von dem hektischen Weltgeschehen so weit wie möglich zurückziehen wollten. Der ersehnte Rückzug von allem Überflüssigem betrifft auch das Gebäude, das sie bauen wollten. Der Architekt wurde nach langen Überlegungen ausgewählt, die Entwurfabstimmung und die Realisierung dauerten fast sechs Jahre.

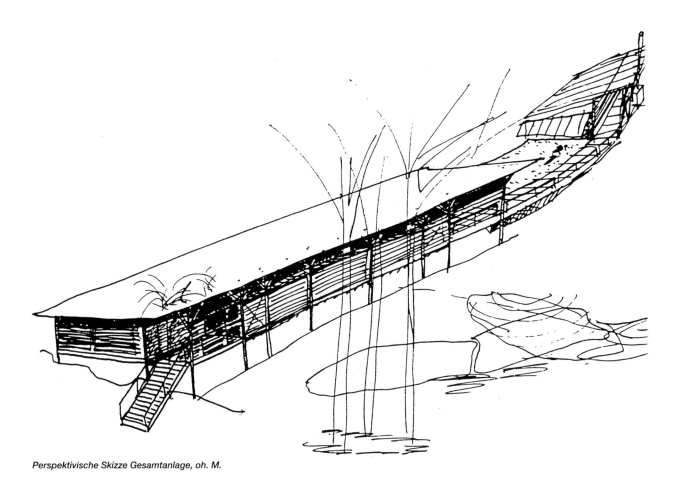

*Perspektivische Skizze Gesamtanlage, oh. M.*

### Der Weg

Die Anlage besteht aus zwei Gebäuden, einem dazwischenliegenden Wasserbecken und einem durchlau-
fenden Verbindungssteg und entwik-
kelt sich, einer Höhenlinie folgend, entlang dem Berg. Von dem Zugangsweg
erreicht man zuerst den Studiopavillon,
weiter über den Holzroststeg das
Wohngebäude. Der über Erdreich auf-
geständerte Steg führt an dem großen Wasserbecken vorbei, welches
auf beiden Seiten bis an die Hausfas-
saden heranreicht. Die umschließende
Natur, ihre Bäume und Pflanzen, der
Himmel und die Wolken spiegeln sich
darin und reflektieren ihr Bild in das
Innere der beiden Häuser. Am eigentlichen Wohngebäude angelangt, endet
der Weg im Inneren des Hauses. Von
großen Glasflächen umschlossen wird
er in den Wohnbereich integriert. Er
setzt sich hinter einer gegenüberliegenden zweiten Eingangstür fort und
führt über eine Treppe ins Freie zurück.

## Konzept

Glenn Murcutt experimentierte bei diesem Bau mit Vereinfachung und Reduktion, ohne dabei auf Persönlichkeit und Ausdrucksstärke verzichten zu müssen. Verschiedene und teilweise voneinander entfernte Ansätze vereinen sich in einem ausgewogenen Gesamtbild. Hauptanliegen der Bauherren waren ökologische Gesichtspunkte sowie die starke Verbindung des Hauses mit der Natur. Weiter sollte die Gestaltung des Hauses in Material und Form im Äußeren und im Inneren stark reduziert sein. Es standen auch praktische Überlegungen hinsichtlich Transport, Montage und Kosten der Konstruktion im Vordergrund. Die Fähigkeit, diese unterschiedlichen Aspekte in ein Gebäude zu vereinen, das zugleich einer in Australien bekannten Typologie entspricht, zeugt von der praktischen Haltung des Architekten.

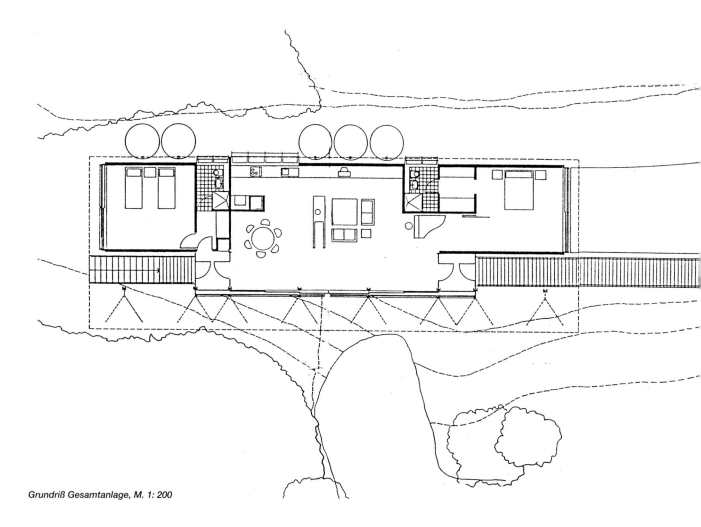

*Grundriß Gesamtanlage, M. 1: 200*

### Entwurf

Traditionelle, einfache Bauformen werden mit den standardisierten Bausystemen und Materialien der industriellen Fertigung vereint; die Gebäude folgen allerdings nicht dem Schema ländlicher Bauten, sondern beziehen sich in ihrer Organisation auf klassische Grundprinzipien. Renaissance-Villen, japanische traditionelle Architektur und die klassische Moderne von Ludwig Mies van der Rohe bis Richard Neutra stehen dem Bau zu Paten. Das langgestreckte Rechteck des Hauptbaus ist symmetrisch angelegt: Das Wohnen liegt zentral zwischen zwei sich gegenüberliegenden Eingängen und der Küche. Rechts und links davon sind zwei Bäder mit jeweils einem Schrankraum und dem dazugehörigen Schlafzimmer. Diese sind um die Breite des Verbindungssteges zurückversetzt, auf dieser Seite geschlossen und orientieren ihre Fensterflächen zu den Stirnseiten in Nord-Süd Richtung. Der Wohnbereich ist dagegen komplett zu den beiden Hangrich-

tungen verglast. Auf der abfallenden Seite, wo sich der, in diesem Bereich innenliegende, Steg befindet, ermöglichen große Schiebeelemente die Öffnung zum Freisitz und Netzrollos gegen Mücken seine ständige Nutzung.

### Konstruktion, Material und Energie

Die bis zu einem Meter aus dem Erdreich auskragenden Fundamente sind aus Zementblocksteinen, die mit Ortbeton ausgegossen wurden. Über einer Betondecke (auch der Fußboden ist aus Beton, versiegelt und gewachst) befindet sich die dachtragende Stahlskelettkonstruktion. Die Wärmedämmung ist innen mit Gipskarton und außen mit Wellblech verkleidet. Trennwände sind gemauert und verputzt. Räumlich maßgebend ist die Gipskartondecke des Wohnbereiches. Sie spannt sich bauchartig wie ein großes Segeltuch zwischen den Glasfronten. Zwischen weiß und schwarz variiert die Farbgebung. Grauer Stahl, silbernes Aluminium, weißer Putz und Gips, grauer Beton und Glas bilden eine

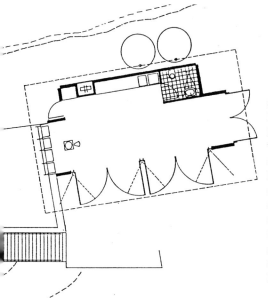

asketische Atmosphäre.
Der frei im Raum stehende, rotlakkierte Ofenblock setzt den einzigen farbigen Kontrapunkt. Die Heizung erfolgt über diesen großen, kaminähnlichen Holzofen und wird von einer elektrischen Fußbodenheizung unterstützt. In großen Aluminiumzylindern, die hinter dem Haus stehen, wird das Regenwasser von den Dächern gesammelt. Es dient der Wasserversorgung des Hauses und gibt Sicherheit im Brandfall.

# Material

# Spiel mit Holz

| | |
|---|---|
| Objekt: | **Einfamilienhaus Fahrner** |
| Standort: | **Bödelestraße, Dornbirn,** |
| | **Vorarlberg, Österreich** |
| Architekt: | **Rainer Huchler** |
| | **Lochau, Vorarlberg** |
| Baujahr: | **1995** |
| Bauzeit: | **Februar – Juli 1995** |
| Nutzfläche: | **130 m²** |
| Baukosten: | **ca. DM 500. 000.-** |

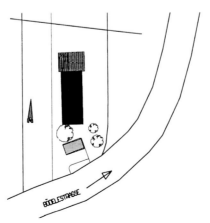

*Lageplan, M. 1:1000*

## Ausgangslage

Ein knapper Geldbeutel der dreiköpfigen Familie und ein geteiltes Grundstück mit hervorragender Aussicht auf den Bodensee, dafür aber eine nicht gerade ruhige Erschließungsstraße auf der Ostseite des Grundstückes, so läßt sich kurz die Ausgangssituation dieses Projektes beschreiben.

## Konzeption

Die stark befahrene Erschließungsstraße im Süden und Osten des nach
Osten steigenden Hanggrundstückes,
die großartige Aussicht und das
schmale Grundstück geben die wesentlichen Hinweise zur Organisation
des Gebäudes. Die Schlafräume liegen
im Erdgeschoß, etwas geschützt von
der Straße, im Obergeschoß be-findet
sich der großzügige Wohn-Eß-Koch-
einraum mit einer stirnseitig angeord-
neten Aussichtsterrasse. Diese Terrasse öffnet sich nur nach Norden und
Westen, während sie sich nach Osten
zur Straße mit einem waage-recht
durchgehenden, engen Holzlattenra-
ster verschließt.  Das klare Konzept,
das sich hinter dem einfachen Kubus
verbirgt, läßt sich bis ins Detail weiter-
verfolgen, das zum Teil durch seine
Eigenwilligkeit auffällt. Solch ein Detail
findet sich schon in der Gestaltung der
großzügigen Schiebetüren, die zum
Erschließungsflur vollständig zu öffnen
sind, so daß, zwar auf Kosten der privaten Abgeschlossenheit, beide
Räume Licht von zwei Seiten erhalten.
Dem Kinderzimmer, am Ende des Flu-
res, ist eine eigene Terrasse vorge-
lagert, die genau unter dem großen
Balkon des Wohnraumes liegt. Von
der oberen Terrasse führt eine Treppe
herunter, die sich zur Rückseite des
Hauses wendet und von der unteren
Terrasse nicht betreten werden kann.
Das Haus lebt also von der Problema-
tik, die Hauptorientierungsseiten nach
Norden und Wes-ten zu haben,
während die Süd und Ostseite durch
die Straße entwertet sind. Gerade
dadurch erreicht der Architekt eine
Vielfalt an Belichtungs- und Beleuch-
tungsvarianten.

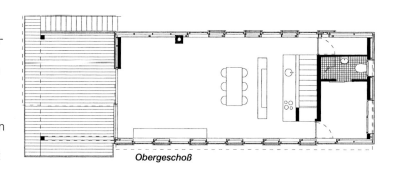

*Obergeschoß*

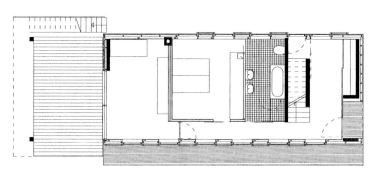

*Erdgeschoß*

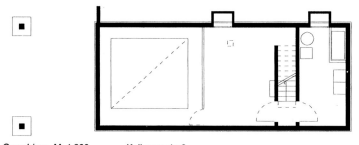

*Grundrisse, M. 1:200*          *Kellergeschoß*

### Differenzierte Raumhöhen

Die verschiedenen Etagen sind in der Deckenhöhe ihren Nutzungen angepaßt. Der Keller kommt gerade mit 2,00 m Raumlichte aus, das Schlafgeschoß hat den kleineren Räumen entsprechend eine Raumhöhe von knapp 2,40 m und der Allraum im Obergeschoß erhielt mit 2,75 m Raumhöhe eine angemessene Höhe für die Wichtigkeit und Größe, die diesem Raum zugeordnet ist.

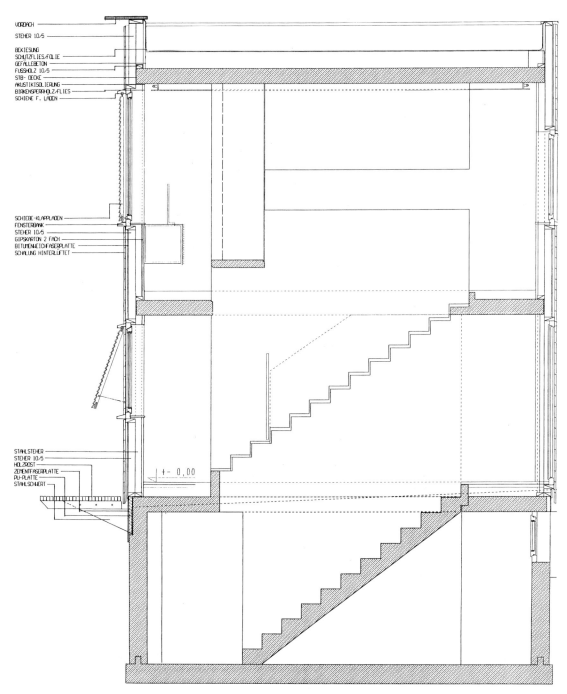

VORDACH
STEHER 10/5

BEKIESUNG
SCHUTZVLIES/FOLIE
GEFALLEBETON
FUSSHOLZ 10/5
STB-DECKE
AKUSTIKISOLIERUNG
BIRKENSPERRHOLZ/FLIES
SCHIENE F. LADEN

SCHIEBE-KLAPPLADEN
FENSTERBANK
STEHER 10/5
GIPSKARTON 2 FACH
BITUMENWEICHFASERPLATTE
SCHALUNG HINTERLÜFTET

STAHLSTEHER
STEHER 10/5
HOLZROST
ZEMENTFASERPLATTE
PU-PLATTE
STAHLSCHWERT

+ - 0,00

*Schnitt, M.1:50*

## Konstruktion

Das Gebäude besteht aus einer Mischkonstruktion aus Stahlbetondeckenplatten, die auf aussteifenden Querwänden und Stahlstützen aufliegen. Die Stahlstützen sind in der Längswand im Außenwandaufbau der zweigeschossigen Holzständerwand integriert. Eine hochwertige Fassadendämmung aus 18 cm Mineralwolle schützt die gesamte Konstruktion. Das Stahlbetongebälk, das die Terrasse im Obergeschoß und das feine Holzdach darüber trägt, beschreibt also nicht die Fortsetzung einer primären Gesamtstruktur. Dieses Gebälk ist nur da aufgestellt, wo es auch wirklich gebraucht wird, an den Terrassen.

## Materialkanon in Holz

Als erstes sticht bei dem schlichten Kubus die umlaufende, waagerechte Lärchenholzverschalung ins Auge. Diese Schalung setzt sich als offene Lamellenstruktur in den ausstellbaren Schiebeläden der Fenster fort. Um die Fensterfelder läuft je ein Eichenholzrahmen, der Fensterflächen und Schiebeläden umgrenzt. Sind die Läden geschlossen, so zeigt sich das Haus fast als homogen geschlossener Kubus mit waagerechter Lärchenholzschalung. Die Richtung, die die längslaufenden Holzlamellen außen beginnen, nimmt die längsgerichtete Birkensperrholzdecke im Obergeschoß auf. Ein mit massiven Nußbaumprofilen besetztes Sideboard an der Längswand des Wohnraumes führt diesen Gedanken weiter. Die Böden sind mit Sperrholztafeln aus amerikanischer Kiefer belegt, die in ihrer Maserung die Längsrichtung weiter betonen. Schließlich nimmt auch das massive Holzprofil, das den Sichtschutz auf der Ostseite und die Brüstungen der Terrassen ausbildet, diese Richtung auf.

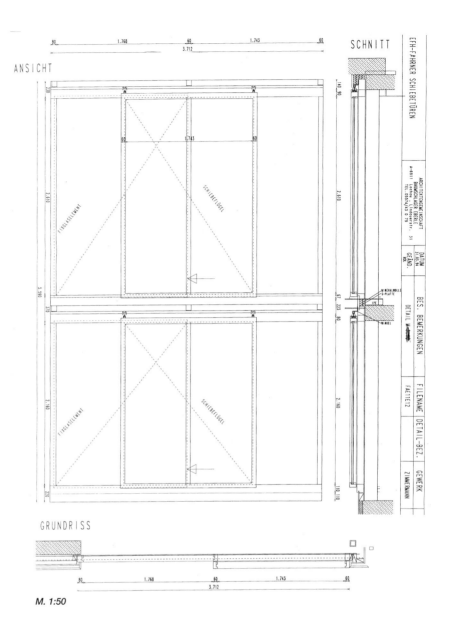

M. 1:50

### Improvisiert und provisorisch

Ganz so versteht sich das Haus sicher
nicht. Doch spürt man bei der Terrasse
auf der Nordseite diese Haltung. Die
Terrasse hebt sich leicht vom Erdboden
ab und läßt das Gelände fast unbe-
rührt darunter. Genauso zeigt der Lattenrost auf der Westseite des Hauses
diesen Umgang mit der Landschaft.
Als ob es den Erdboden gar nicht zu
fest berühren soll, so steht es da.
Zugleich rundet dieser Lattenrost, der
mit Stahlschwerten am Haus befestigt
ist, den Kanon der Längsrichtung ab.

# Gut abgeschirmt

| Objekt: | Einfamilienhaus Häusler |
|---|---|
| Standort: | Hard am Bodensee, Vorarlberg |
| | Vorarlberg, Österreich |
| Architekten: | C. Baumschlager, D. Eberle |
| | Lochau, Vorarlberg |
| Baujahr: | 1995 |
| Nutzfläche: | 174 m² + 48 m² (Einliegerwohnung) |
| Bauzeit: | 12 Monate |
| Baukosten: | ca. DM 600.000.- |

*Lageplan, M. 1:1000*

## Ausgangslage

Das abweisende Äußere dieses Einfamilienhauses im dem kleinen Ort Hard an der Südostecke des Bodensees kommt nicht zufällig. Die Randbedingungen, mit denen das kleine Haus zu kämpfen hat, machen diese Struktur verständlich. Das Haus steht in einer amorphen Umgebung, die sich aus älteren Bauern- und Fischerhäusern, vielen neueren, gesichtslosen Einfamilienhäusern und einigen Gewerbebetrieben zusammensetzt, an deren Zufahrtstraße zu einer Kunststofffabrik, mit relativ starkem Lieferverkehr, das Baugrundstück liegt.

## Konzeption

Die Forderung der Bauherren, ruhige Wohnverhältnisse zu erhalten, und die eigene Einschätzung der Architekten führte zu dem Konzept, ein Gebäude zu entwickeln, das sich im wesentlichen nach innen richtet. Die Architekten wären dabei noch strikter vorgegangen, als es schließlich geworden ist. Der erste Entwurf sah ein Gebäude mit vier geschlossenen Außenwänden vor, das nur über ein Atrium belichtet wird und sich völlig in sich kehrt. Dieser Ansatz zeigt deutlich die Haltung, sich in einer strukturlosen Gegend, die wenig Anlaß zur Auseinandersetzung bietet, auf sich zu beziehen. Darüber hinaus hat die dreiseitig fast geschlossene Betonwand die Funktion einer Schallschutzwand. Auf der Südseite löst sich die Wand in einem Stützenraster auf und nimmt so vorsichtig Kontakt zur Umgebung. Die ungünstige Beschaffenheit des Baugrundes führte zu der Entscheidung, keinen Keller zu bauen, sondern in einem ebenerdigen „Schopf" Abstellräume bereitzustellen. Eine offene Durchfahrt, die den Schopf auf der Gartenseite mit der Eingangsseite verbindet, trennt das Haupthaus auf der westlichen Seite von einer Einliegerwohnung, die sich auf der Ostseite anschließt.

## Konstruktion

Der massive Rahmen der umlaufenden Wand und des Stützenrasters aus Stahlbeton bilden das statische Gerüst des Gebäudes. Wegen der schlechten Bodenverhältnisse konnte kein Keller gebaut werden. Stattdessen mußte der Bau auf eine massive, tragende Betonplatte von 25 cm Stärke gestellt werden, die über Bohrpfähle die Lasten zum tragfähigen Grund hin ableiten. Für die äußere Wirkung der geschlossenen „Box" war es wichtig, die gesamte Hülle fugenlos in einem Guß zu erstellen. Um dies zu ermöglichen, mußte insgesamt der Bewehrungsaufwand erhöht werden. Um die Hülle spürbar zu machen, sind sämtliche Dämmungen auf der Rauminnenseite angebracht eingebaut worden.

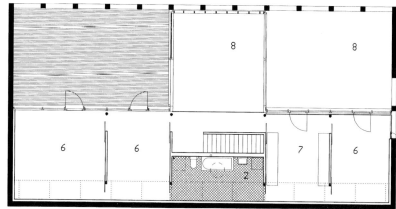

*1. Obergeschoß, M. 1:200*

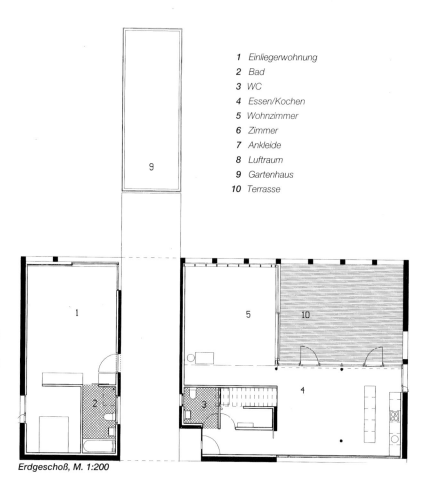

1 Einliegerwohnung
2 Bad
3 WC
4 Essen/Kochen
5 Wohnzimmer
6 Zimmer
7 Ankleide
8 Luftraum
9 Gartenhaus
10 Terrasse

*Erdgeschoß, M. 1:200*

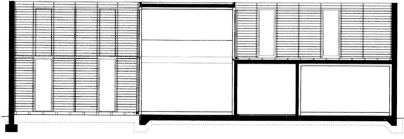

*Schnitt, M. 1:200*

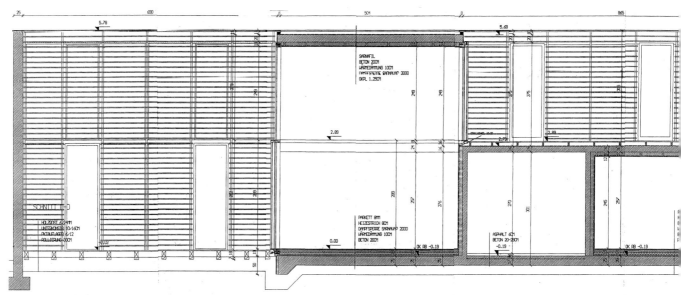

*Schnitt , M. 1:100*

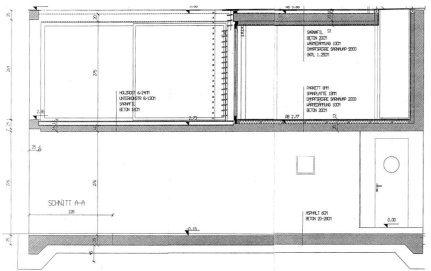

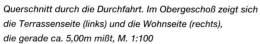

*Querschnitt durch die Durchfahrt. Im Obergeschoß zeigt sich
die Terrassenseite (links) und die Wohnseite (rechts),
die gerade ca. 5,00m mißt, M. 1:100*

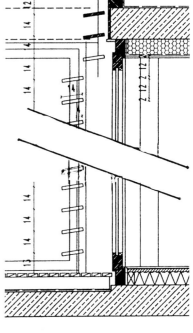

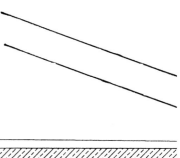

*Querschnitt durch die Durchfahrt
Terrassenaufbau, Glasfassade und
Dachrand, M. 1:25*

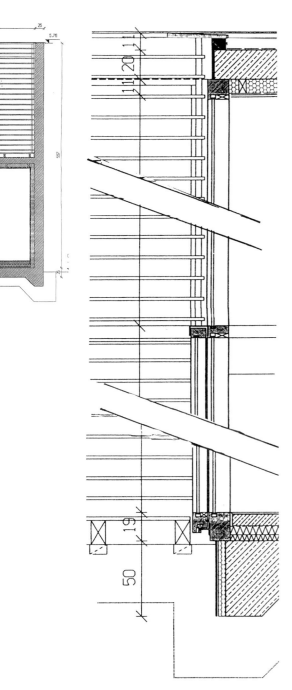

*Längsschnitt durch die zweigeschossige
Fassade des Wohnraumes, M. 1:25*

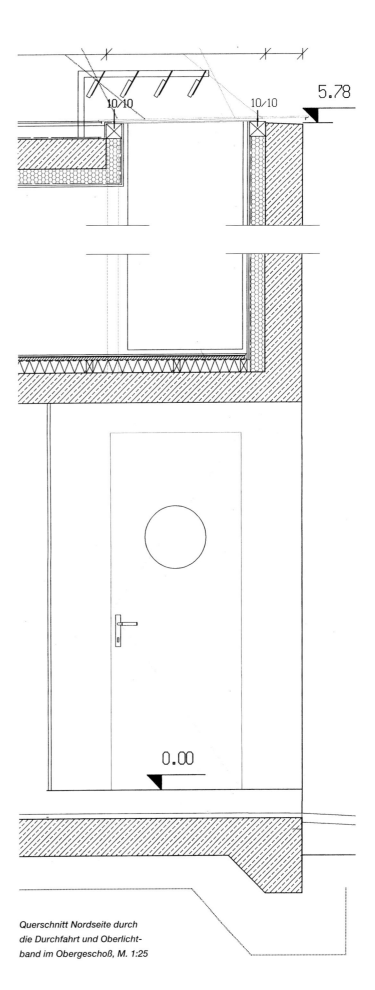

10/10    10/10                    5.78

0.00

*Querschnitt Nordseite durch
die Durchfahrt und Oberlichtband im Obergeschoß, M. 1:25*

### Der Innenausbau

Die massive äußere Schale machte es möglich, daß die inneren Trennwände insgesamt als Leichtbauwände errichtet werden konnten. Die Leichtbauweise machte es auch möglich, daß noch kurzfristig auf sich ändernde Lebensbedürfnisse der Bauherren eingegangen werden konnte und die Möglichkeit geschaffen wurde, einen separaten Wohnbereich im OG einzurichten. Selbst die Lage der Treppe konnte noch modifiziert werden. Die einfache Technik der Leichtbaukonstruktion machte es dem Bauherren möglich, selbst aktiv zu werden und ca. 50.000.- DM einzusparen.

### Klare Strukturen

Ein Wohnhaus zu bauen, das sich ändernden Bedürfnissen anpassen kann, erfordert nicht nur entsprechende Maßnahmen in der Baukonstruktion. Die Möglichkeit muß bereits im Entwurf gegeben sein. Die klare Struktur, die diesem Haus durch den festen Rahmen gegeben ist, und die sich in der Längsteilung des Grundrisses manifestiert, zeigt die Richtung an, in der sich Variation entwickeln kann. Im Erdgeschoß trennt die Durchfahrt durch das Haus die östlich gelegene Einliegerwohnung vom Haupthaus. Dieses ordnet sich im Winkel und läßt in dem äußeren Betonrahmen noch eine geschützte Terrasse frei.
Im Obergeschoß erkennt man diese Längsteilung deutlicher, da sich hier alle Räume an der nördlichen Seite ordnen, während die südliche Seite mit Freiterrassen und Lufträumen (von Terrasse und Wohnhalle) besetzt ist.

### Spiel mit Licht und Schatten

So geschlossen das Gebäude von außen erscheint, so vielfältig sind die Licht- und Schattenspiele im Haus. Die Vormittagssonne scheint im Obergeschoß durch die Wohnhalle und reicht bis in die Küche. Das direkte Südlicht wird von dem Betonraster strukturiert und von den Holzlamellen vor den Fenstern gefiltert. Zwei Öffnungen auf der Westseite belichten gezielt den Eßplatz. Die Öffnungen, die Ausblick nach außen ermöglichen, sind ebenso präzise gesetzt.
Ein schmales Fensterband auf der Nordseite gibt den Bezug zur Straße. Der hohe Luftraum der Wohnhalle mit der Glaswand im OG eröffnet Fernblicke in die weite des nächtlichen Sternenhimmels. Gerade hier zeigen sich die Qualitäten dieses Entwurfes, die den Bauherrn immer zum Schwärmen über sein Haus verleiten.

# Mit schlichter Eleganz

| | |
|---|---|
| Objekt: | Einfamilienhaus Burger |
| Standort: | Bregenz, Vorarlberg, Österreich |
| Architekten: | C. Baumschlager, D. Eberle |
| Projektleitung: | Mag. C. Baumschlager |
| Mitarbeiter: | R. Huchler |
| Baujahr: | 1994 |
| Nutzfläche: | 125 m² |
| Baukosten: | 3,5 Mio öS |

## Ausgangslage

Die Vorarlberger Architekten C. Baumschlager und D. Eberle können es sich mittlerweile erlauben, sich ihre Klienten im Bereich Einfamilienhäuser genau auszusuchen. So kommt es dazu, daß die von diesen Architekten geplanten Einfamilienhäuser einen deutlich formulierten Beitrag zur Baukultur beschreiben können. Die Bauherren dieses Projektes waren den Architekten bereits bekannt. Schon die Eltern bauten mit ihnen auf demselben Grundstück, und so ergab sich die Wahl der Architekten fast schon zwangsläufig. Die Situation des Grundstückes war nicht gerade unproblematisch. Ein steiles Hanggrundstück, das nach Norden fällt, dorthin aber auch den Ausblick auf den Bodensee hat, während die Erschließungsstraße auf der Südseite liegt. Außerdem durfte das Haus für die vierköpfige Familie nicht größer als insgesamt 130 m² Nutzfläche werden, damit die Bauherren eine Förderung des Bundeslandes Vorarlberg in Anspruch nehmen konnten.

1 Wohnen / Essen / Kochen
2 Diele
3 Zimmer
4 Bad
5 WC
6 Spielen

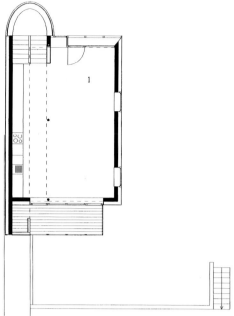

*2. Obergeschoß, M. 1:200*

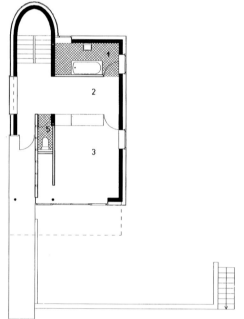

*1. Obergeschoß, M. 1:200*

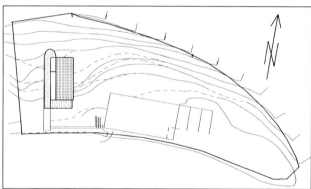

*Lageplan, M. 1: 1000*

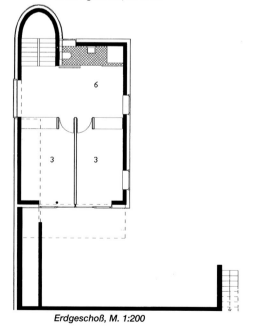

*Erdgeschoß, M. 1:200*

## Entwurf

Die einfache, schon vom Zugang wirkungsvolle Wegeführung, zeigt die wesentliche Qualität des Entwurfes. Eine leicht ansteigende Rampe leitet den Besucher von der Straße in das erste Geschoß des Hanghauses. Von hier führt die Treppe direkt ins zweite Obergeschoß weiter und lenkt den Weg in den dort liegenden, offenen Koch-Eß-Wohnraum. Ein Lichtband über der Bewegungslinie von der Treppe zur Terrasse im Süden gibt dem Raum noch mehr Helligkeit und trennt die Funktionsbereiche Kochen und Aufenthalt. Nachts öffnet sich der Raum nach oben ins Unendliche. Im Eingangsgeschoß liegt direkt einsehbar am Zuweg nur das Gäste-WC. Elternschlafzimmer und Bad sind über eine kleine Diele separat erschlossen. Die Kinderzimmer auf dem eine Etage tiefer liegenden Geschoß haben über einen hoch umschlossenen Gartenhof eine direkte Verbindung nach draußen. Erschlossen werden die beiden Zimmer über einen großzügigen Spielflur, der sich als separater Bereich der Kinder im Haus absetzt.

Noch ein Geschoß tiefer, im Hanggeschoß, sind ein Gästeraum, das Haushaltszimmer und die Heizung untergebracht. Die Funktionstrennung auf verschiedenen Ebenen gibt dem Haus ein klares Maß an Distanz und Nähe, das sich im Zusammenleben einstellt.

165

## Konstruktion und Material

Das Haus, das als konventioneller
Beton- und Mauerwerksbau entstanden ist, bleibt in der Materialverwen-
dung genauso klar, wie in der Grund-
struktur. Hervorstechend ist bei der
Fassadengestaltung die sehr unterschiedliche Verwendung von Holz. Einmal wird in sehr traditioneller Weise die
Westfassade und der Treppenturm mit
Schindeln belegt. Die anderen Fassaden sind mit großformatigen, gelb gestrichenen Sperrholztafeln belegt. Die
Fenster nehmen dieses Format auf
und entwickeln an der Ostfassade einen eigenwilligen Rhythmus. Bis ins
Detail ist hier dieses Thema aufgenommen, was sich nicht zuletzt im
knapp formulierten Dachrand der Ostseite äußert.

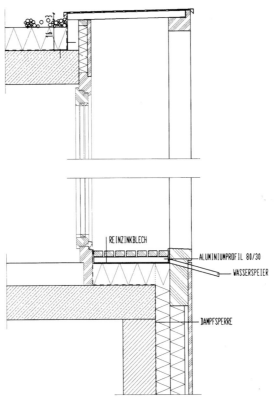

*Detailschnitt 6-6, M. 1:20*

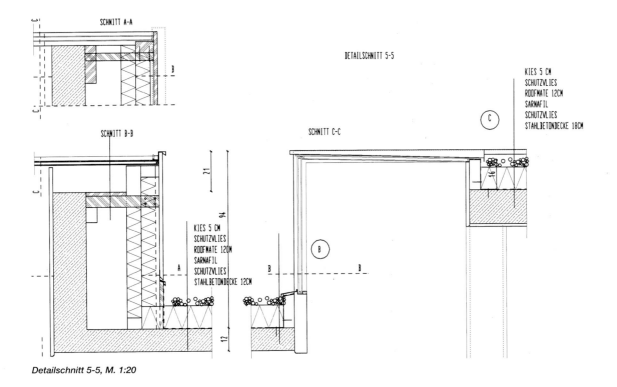

*Detailschnitt 5-5, M. 1:20*

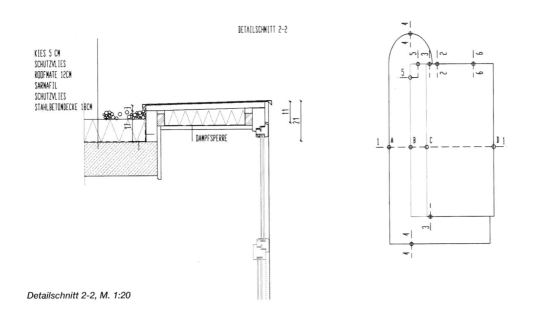

DETAILSCHNITT 2-2

KIES 5 CM
SCHUTZVLIES
ROOFMATE 12CM
SARNAFIL
SCHUTZVLIES
STAHLBETONDECKE 18CM

DAMPFSPERRE

*Detailschnitt 2-2, M. 1:20*

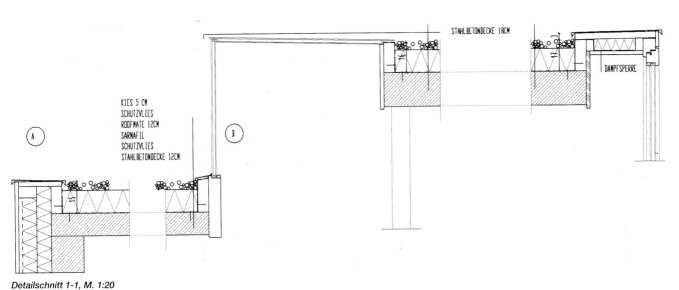

A

KIES 5 CM
SCHUTZVLIES
ROOFMATE 12CM
SARNAFIL
SCHUTZVLIES
STAHLBETONDECKE 12CM

B

STAHLBETONDECKE 18CM

DAMPFSPERRE

*Detailschnitt 1-1, M. 1:20*

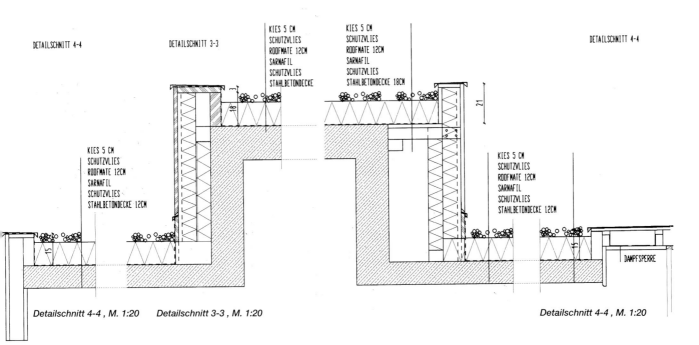

DETAILSCHNITT 4-4          DETAILSCHNITT 3-3

KIES 5 CM
SCHUTZVLIES
ROOFMATE 12CM
SARNAFIL
SCHUTZVLIES
STAHLBETONDECKE

KIES 5 CM
SCHUTZVLIES
ROOFMATE 12CM
SARNAFIL
SCHUTZVLIES
STAHLBETONDECKE 18CM

DETAILSCHNITT 4-4

KIES 5 CM
SCHUTZVLIES
ROOFMATE 12CM
SARNAFIL
SCHUTZVLIES
STAHLBETONDECKE 12CM

KIES 5 CM
SCHUTZVLIES
ROOFMATE 12CM
SARNAFIL
SCHUTZVLIES
STAHLBETONDECKE 12CM

DAMPFSPERRE

*Detailschnitt 4-4 , M. 1:20*     *Detailschnitt 3-3 , M. 1:20*                    *Detailschnitt 4-4 , M. 1:20*

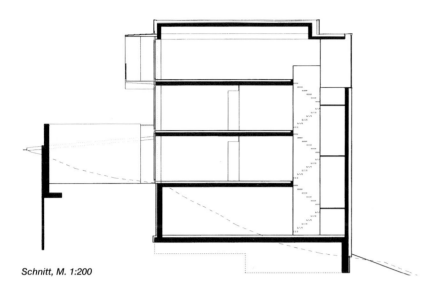

*Schnitt, M. 1:200*

### Schlichte Eleganz

Dieses Gebäude, das sich mit so schlichter Eleganz vermittelt, beeindruckt durch seine Klarheit im Entwurf, in der Konstruktion und in der Materialanwendung. Das klare Konzept macht es erst möglich, daß so auf ca. 125 m² Wohnfläche genug Raum für vier Personen entsteht.

### Treppe im Turm

Wesentliches gestalterisches und entwurfliches Element des Hauses ist der Treppenturm in der Nordwestecke des Hauses. Die Treppe ist an der Mittelwand aus Stahl aufgehängt, die den Treppenlauf über alle Geschosse begleitet. Erst im obersten Geschoß eröffnet sich die Aussicht in dem sonst geschlossenen Treppenturm. Ein halbrundes Fenster gibt den Blick beim Hinaufsteigen erst in den Himmel frei und läßt ihn auf dem Podest über den See streifen. Oben, im offenen Koch-Eß-Wohnraum angekommen, wird man unter dem Oberlichtband in den großzügigen Gemeinschaftsraum geführt.

# Kostenreduzierung

# Selbstbau ohne Ewigkeitsanspruch

| Objekt: | Wochenendhaus in der Natur |
|---|---|
| Standort: | Laab im Walde |
| | Niederösterreich |
| Architekt: | Helmut Wimmer, Wien |
| Baujahr: | 1991 |
| Nutzfläche: | ca. 90 m² |
| Baukosten: | 900 000 öS, oh. Nebenkosten |

## Ausgangslage

Ein Wochenendhaus mitten im Wald ist wohl Wunsch vieler Stadtbewohner. In Laab im Walde konnte der Wiener Architekt Helmut Wimmer für seinen Bruder eine solche sommerliche Wochenendunterkunft bauen. Das Haus läßt sich allerdings mit einem einzigen Holzofen auch bestens im Winter beheizen. Die direkte Verbindung mit der Natur gehörte zu den Hauptanliegen der Bauherren, natürlich sollte das Haus auch kostengünstig und in seiner Errichtung unkompliziert sein. Ohne banaler Simplizität wird das Projekt diesen Anforderungen gerecht.

## Kosten und Konstruktion

Mit ca. 130 000,– DM reine Baukosten wurde das Ferienhaus errichtet. Das bedeutet einen Quadratmeterpreis von ca. 1450,– DM. Natürlich spielte bei diesen niedrigen Kosten auch die Materialauswahl eine bedeutende Rolle, ausschlaggebend war jedoch der große Anteil an Selbstbau. Durch den Einsatz eigener Zeit und Geschicklichkeit konnten die Lohnkosten reduziert und viel Geld gespart werden. Bei der Materialauswahl kam zu der eigentlichen Kostenanalyse auch die Überlegung nach einer möglichst ein-

fachen Montage ins Spiel, denn was billig ist, muß nicht umbedingt auch einfach zu konstruieren sein. So wurden die Vor- und Nachteile verschiedener Konstruktionssysteme unter die Lupe genommen. Da man selber wohl kaum im Winter Wände hochziehen will, spielte auch die Bauzeit eine große Rolle. Will man sich ein Haus komplett selbst zusammennageln, schafft man dies sicherlich nicht, wie in diesem Fall, in den drei Sommermonaten. Aus diesen unterschiedlichen Gründen kam es zu einer geschickten Auswahl der Materialien und Aufteilung der verschiedenen Aufgaben: Professionelle Handwerker realisierten die Stahl- und Fassadenkonstruktion sowie Fenster und Türen, die Dachisolierung und die innere Gipskartonverkleidung. Alles weitere, von den Betoneinzelfundamenten und der Anbringung der Wellblechverkleidung bis hin zur Konstruktion der Terrasse und der Fußbodenverlegung entstand im Selbstbau. Kein allzu hoher Preis für diesen Preis.

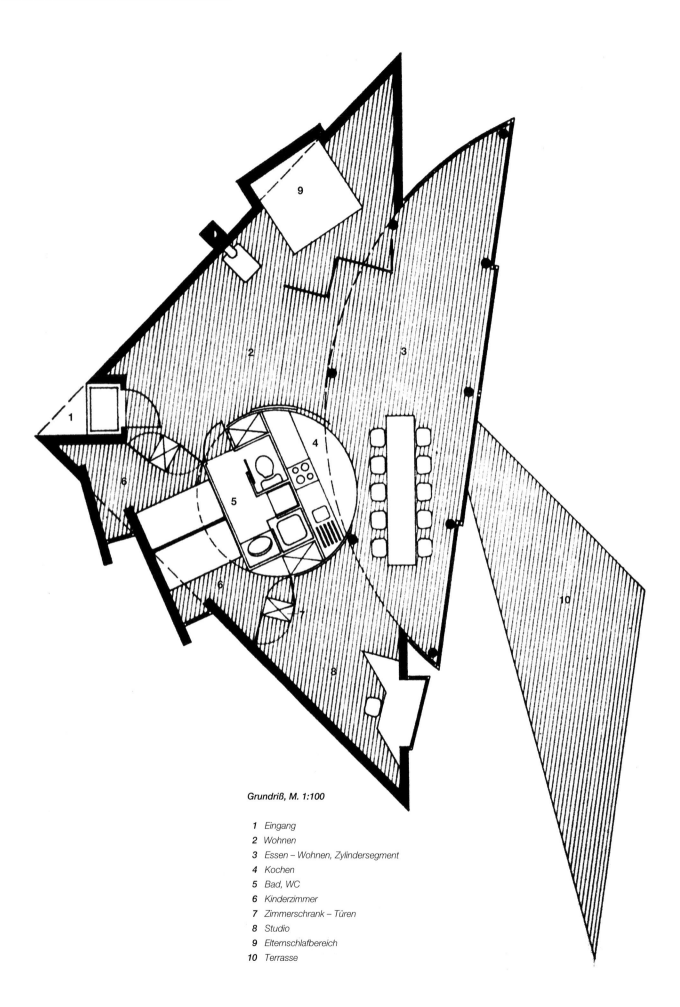

*Grundriß, M. 1:100*

1 Eingang
2 Wohnen
3 Essen – Wohnen, Zylindersegment
4 Kochen
5 Bad, WC
6 Kinderzimmer
7 Zimmerschrank – Türen
8 Studio
9 Elternschlafbereich
10 Terrasse

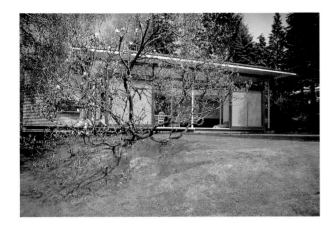

## Entwurf

Das kleine Haus liegt versteckt in der Landschaft. Das reduzierte Raumprogramm wurde erdgeschossig organisiert und ragt somit nicht aus den umliegenden Bäumen hervor. Um das Gelände nicht anzutasten, steht es auf Einzelfundamenten über dem Erdboden. Die gesuchte Naturverbundenheit dieser ökologischen Insel, ein Biotop, realisiert sich allerdings nicht in Form ländlicher Architektur, sondern in praktischer, kostengünstiger und moderner Bauweise. Energiebewußtsein und praktische Überlegungen, wie die Anpassung an die Grundstücksgrenzen, ergaben die gewählte Grundform. Es entstand ein gleichschenkliges Dreieck, welches sich in südlicher Richtung über ein schräg eingefügtes Kreissegment mit großen verglasten Schiebeelementen zur Sonne öffnet.

Dieser Halbkreis signalisiert den Übergang zwischen Außen- und Innenwelt. Er setzt sich auch in vertikaler Richtung vom restlichen Gebäude ab: einen halben Meter überhöht, hat das Zylindersegment ein eigenes auskragendes Dach, das im Sommer den Wohnbereich vor allzu starker Einstrahlung schützt. Gelbe Rollos über die ganze Breite der Glaswand machen es möglich, den Blick ganz zu verschließen oder ihn nach Lust und Laune zu gestalten. Davor versetzt, befindet sich eine dreieckige Holzrostterrasse. Knapp über der Wiese aufgeständert, streckt sich ihre unübliche Form trompetenähnlich zur umgebenden Natur. Die kürzeren, meist geschlossenen Ost- und Westseiten sind mit Aluwellblech verkleidet. Diese Materialwahl will keinen künstlichen Kontrapunkt zu den umgebenden Wiesen und Bäumen setzen, sie wurde aufgrund ihrer

einfachen Montage, der niedrigen Kosten und pflegeleichten Dauerhaftigkeit gewählt. Ein Auswahlprinzip, das sich durch den gesamten Bau zieht. Der Haupteingang befindet sich an der nördlichen Dreiecksspitze, die zur Hälfte ausgeschnitten den nötigen Wetterschutz bietet. In dem offen konzipierten Innenraum setzt sich das Formenspiel fort. Ein freigestellter Kreis faßt die Naßräume, Küche, Bad und WC und zwei Einbauschränke zusammen. Durch gekurvte Schiebetüren läßt sich der Großteil der Küche abschließen. Das Elternschlafzimmer ist nur durch einen Paravent abgetrennt, während die zwei Kinderzimmer durch zwei Schranktüren geschlossen werden können. Ist der Schrank zu, steht er als freies Element im Durchgang, ist der Schrank offen, schließt sich das Zimmer. Ein kleines Spiel, was der Grundhaltung des Hauses entspricht.

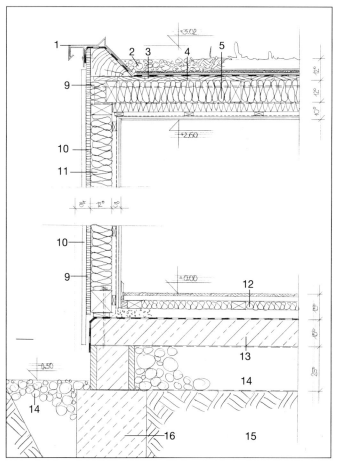
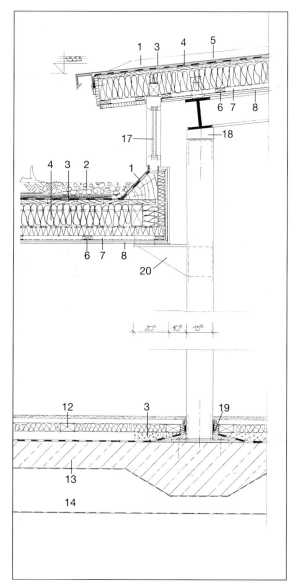

Detail 1, geschlossene Fassaden      Detail 2,  Anschluß Zylindersegment

Dach- und Bodenanschlüsse, Details – Vertikalschnitte, M. 1:20

*Legende Details 1, 2, 3*

1  Blechabdeckung
2  Kies-/Gründachabdeckung
3  Bitumenpappe
4  Lattung
5  Deckenbalken mit Wärmedämmung und
   Querbalken, h 12 cm
6  Lattung Innenverkleidung
7  Dampfsperre
8  Gipsplatten 2 × 1,25 cm.
9  Sperrholzplatte
10 Aluwellblech
11 Fassadensteher mit Wärmedämmung,
   h 12 cm
12 Fußbodenaufbau:
   Holzdielen
   Lattung
   Dämmung
   Estrich
   Bitumenpappe
13 Betondecke 15 cm
14 Kiesaufschüttung
15 Erdreich
16 Betonfundament
17 Holzfenster mit Isolierverglasung
18 Stahlkonstruktion Zylindersegment,
   vertikal – längs – und quer Doppel-T-Träger
   180/140
19 Bodenbefestigung Stahlstütze,
   angeschweißte Stahlplatte, an Beton
   angeschraubt und gegen
   Feuchtigkeit geschützt
20 Stahlkonsole
21 Verstellbare Stoffrollos
22 Glaselemente: Festverglasung und
   Schiebeelemente, Holzrahmen rot lackiert
23 Alu-Tropfnase
24 Holzbretter Terrasse
25 tragende Balken
26 Holzständer durch Stahleinfassungen an
   Fundamente verschraubt

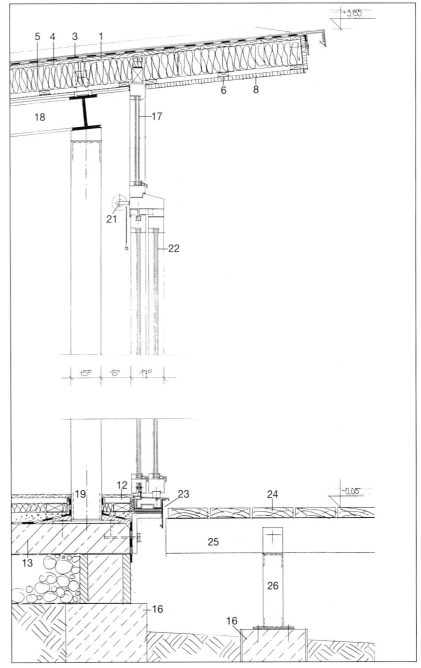

*Detail 3, Terrassenübergang*

## Checkliste Einsparstufen

| Ausstattungsstand | heutiger Standard<br>S 1 | reduzierter Standard<br>S 2 | stark reduzierter Standard<br>S 3 |
|---|---|---|---|
| **Entwurf, Konzeption**<br>Unterkellerung | | | kein Keller<br>Einzelfundamente<br>EIGENLEISTUNG |
| Erdgeschoßdecke<br>Parkierung<br>Gebäudeform<br><br>Tragstruktur | Beton EIGENLEISTUNG | Freie Form,<br>aber erdgeschossig<br>Stahlbau/Holzriegel | keine Garage |
| **Fassaden**<br><br>Fassadenaufbau<br><br><br>Fassadenoberfläche<br><br>Fenster – Verglasung | Holzständerkonstruktion,<br>gedämmt<br>EIGENLEISTUNG<br><br><br><br>Dreh-/Kippbeschlag an<br>einigen Fenstern | Glasschiebetüren | Aluwellblech,<br>EIGENLEISTUNG |
| **Ausbau**<br><br>Böden<br><br>Sockelleisten<br>Türen (innen)<br><br><br><br>Innenwände<br><br>Decke<br><br>Installation | Holzschiffboden/Fichte<br>EIGENLEISTUNG<br>Holzleisten/Fichte<br>B-B-Schlösser mit Fallen,<br>Stahlzargen mit gefalzten<br>Türblättern, Beschläge<br>schwere Qualität<br><br><br><br><br><br>in Wänden verdeckt<br>verlegt | Gipskartonplatten,<br>gespachtelt und geschliffen<br>Gipskartonplatten,<br>gespachtelt und geschliffen | |

# Wie eine Berghütte

| Objekt: | Wohnhaus Baumgartner |
|---|---|
| Standort: | Osttirol, Österreich |
| Architekt: | Gerhard Mitterberger, Graz |
| Baujahr: | 1992 |
| Baukosten: | ca. 140 000 DM + Eigenleistung |
| Wohnfläche: | ca. 130 m² |

## Ausgangslage

Die Bauherren erhielten von den Eltern die Möglichkeit, auf ihrem Grundstück ein eigenes Haus zu bauen. Intuitiv weigerte sich der Vater, dem Vorschlag der Gemeinde und der Raumplanung zu entsprechen und ein zweites, separates Haus auf der Südseite des Bestandes zu bauen. Er wollte den Flächenverbrauch minimieren und erlaubte nur einen Anbau an der Nordseite des Hauses. Dieser Bauplatz ist geprägt durch eine räumlich stark beengte Situation durch das bestehende Wohnhaus im Süden und den ansteigenden Hang im Norden.

## Entwurfskonzept

Der Bauplatz liegt am Fuße des Lienzer
Talkessels in der Osttiroler Gemeinde
Untergaimberg in einer landschaftlich
reizvollen, sonnigen und windge-
schützten Lage. Der Architekt entwickelte eine Lösung, bei der sich das
neue Wohnhaus wie ein Schal um das
bestehende Haus legt. Die Südseite
verbindet sich geradlinig mit dem Bestand, während die Nordseite die Linie
des anstehenden Hanges aufnimmt.
Die beengte Grundstückssituation er-
forderte eine langgestreckte Grundriß-
form. Aufgrund der besseren Belichtung liegen die Aufenthaltsräume des
Neubaues in den oberen Geschossen,
im Erdgeschoß sind der Eingangsbe-
reich, die Nebenräume, der Schutz-
raum und die Garagen untergebracht.
West- und ostseitig ragt der Baukörper hinter dem Bestand vor, um eine
gute Besonnung und Aussicht für die
Aufenthaltsräume zu erreichen.
Die Hanglage wird ausgenutzt, um
jedem Geschoß einen Ausgang direkt
ins Freie zu geben. Gerade solche
schwierigen Situationen führen oft zu
erstaunlichen Entwurfslösungen, die
zusätzliche Möglichkeiten der Benutz-
barkeit erzeugen. Ohne diese Hanglage wäre es nicht möglich gewesen,
einen Anbau als selbständiges Gebäude zu planen, das in allen drei
Ebenen direkten Zugang ins Freie hat.

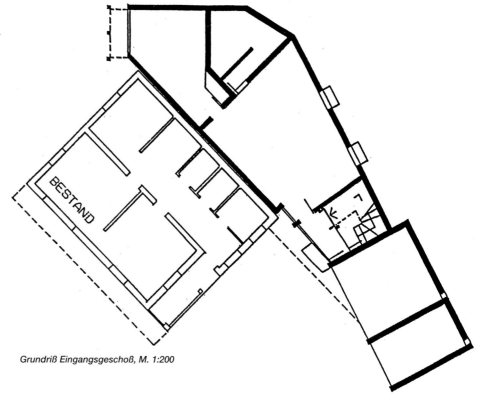

*Grundriß Eingangsgeschoß, M. 1:200*

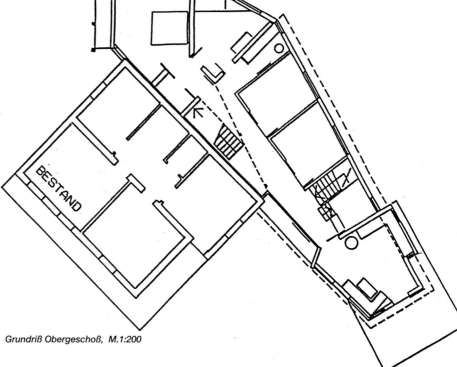

*Grundriß Obergeschoß, M.1:200*

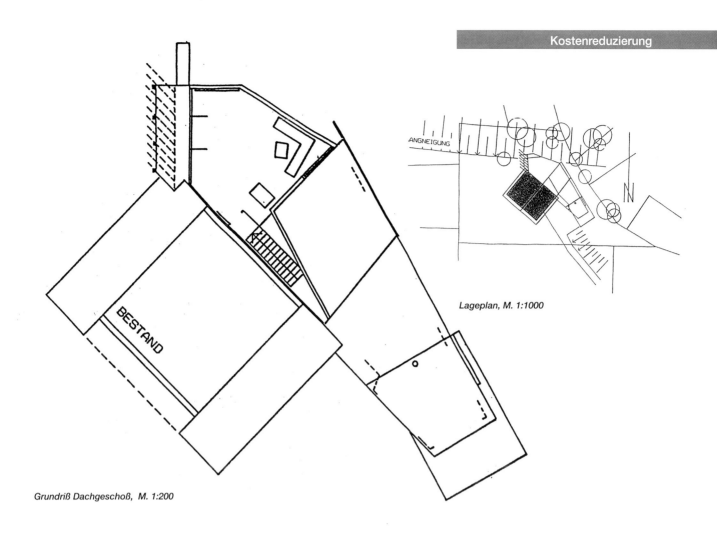

*Lageplan, M. 1:1000*

*Grundriß Dachgeschoß, M. 1:200*

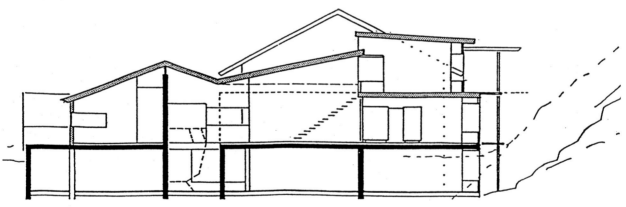

*Schnitt in Ost-West-Richtung, M.1:200*

### Der Kampf mit den Behörden

So knapp sich die kurze Ortsbeschrei-
bung des Hauses anhört, so ausufernd
und langwierig war der Genehmi-
gungsakt für diesen Zubau. Vor Pla-
nungsbeginn herrschte Skepsis bis
völlige Ablehnung in der Gemeinde, da
laut Gemeindeprotokoll der Zubau den
Bestand total verschandelt.
Fast drei Jahre Durchhaltevermögen
und Hartnäckigkeit bedurfte es bei den
örtlichen Be-hörden, bis das Bauvor-
haben, in modifizierter Form, durchge-
führt werden konnte. Das geplante
Pultdach über dem Gebäude konnte
nicht realisiert werden. Im Laufe des
Verfahrens erhielt der Anbau einen
ortsüblichen „Trachtenhut".

### Einfach bis ins Detail

Der Bauherr, von Beruf Bergführer,
setzte mit seiner Wohnvorstellung eine
klare Rahmenbedingung: Er wollte die
Wohnqualität einer Almhütte. Dieser
Grundcharakter zieht sich durch das
gesamte Haus.
Der Zubau ist vollständig als Holzkonstruktion ausgeführt. Gewählt wurde
die amerikanische Bauweise des „bal-
lon-frame", einer einfachen Holzske-
lettkonstruktion aus im wesentlichen
einheitlichen Holzquerschnitten mit
dem Maß von ca 6 x 12 cm. Sämtliche
Materialien sind in ihrer Struktur und
Natürlichkeit belassen. Weder der Innenraum noch die Schalung an der
Außenhaut sind mit Holzschutzmitteln
behandelt. Die wetterrauhe Fassade
entspricht dem Charakter des Hauses
und ein möglicherweise früheres Ersetzen der Fassade aufgrund des entfalle-
nen Holzschutzes rechnet sich auf
jeden Fall im Vergleich mit den ge-
sparten Kosten für eine regelmäßige
Nachbehandlung.

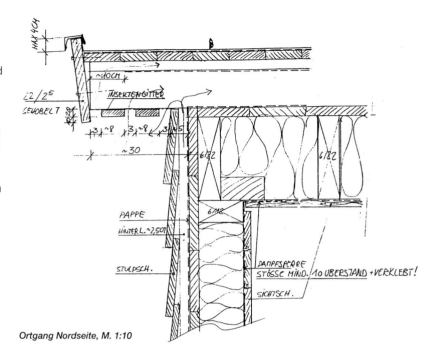

*Ortgang Nordseite, M. 1:10*

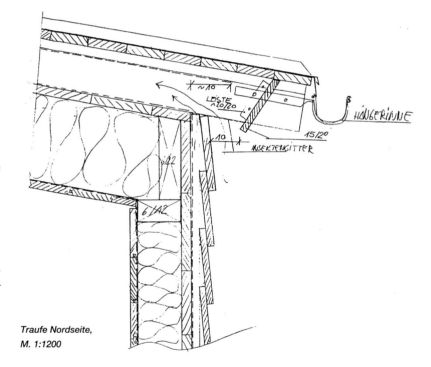

*Traufe Nordseite,
M. 1:1200*

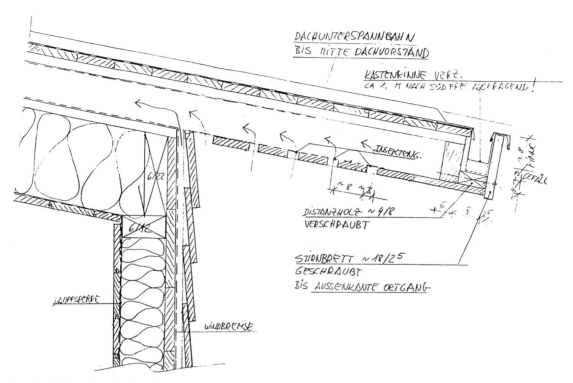

DACHUNTERSPANNBAHN
BIS MITTE DACHVORSTAND

KASTENRINNE VERZ.
CA 1, M NACH SÜD FRP. ZUGEHRGEND!

INSERTENG.

DISTANZHOLZ ~4/8
VERSCHRAUBT

STIRNBRETT ~18/25
GESCHRAUBT
BIS AUSSENKANTE ORTGANG

DAMPFSPERRE

WINDBREMSE

*Traufdetail Küche, Ostseite, M. 1:10*

## Kostengünstige Bauweise

Die einfache Bauweise machte sich bei den Baukosten bemerkbar. Die Betonbauteile im Zugangsgeschoß sind in ihrer rauhen Art ohne Nachbehandlung belassen. Das Holzbausystem machte sich auch durch günstigere Preise bemerkbar. Perfektionismus war nirgends ein angestrebtes Ziel in der Bauausführung. Nicht zuletzt die Beschlagstechnik der Fenster und Türen führte zu günstigen Lösungen. Da es möglich war, die einfachen skandinavischen Beschläge direkt ab Werk zu kaufen, machte sich die Anwendung dieser Technik bei den Baukosten tatsächlich auch bemerkbar. Die Benutzung handelsüblicher Kistenbeschläge zum Dichtschließen von Fenstertüren ermöglichte hier Kosteneinsparungen bis zu über 100 Prozent gegenüber handelsüblichen Hebeschiebetüren.

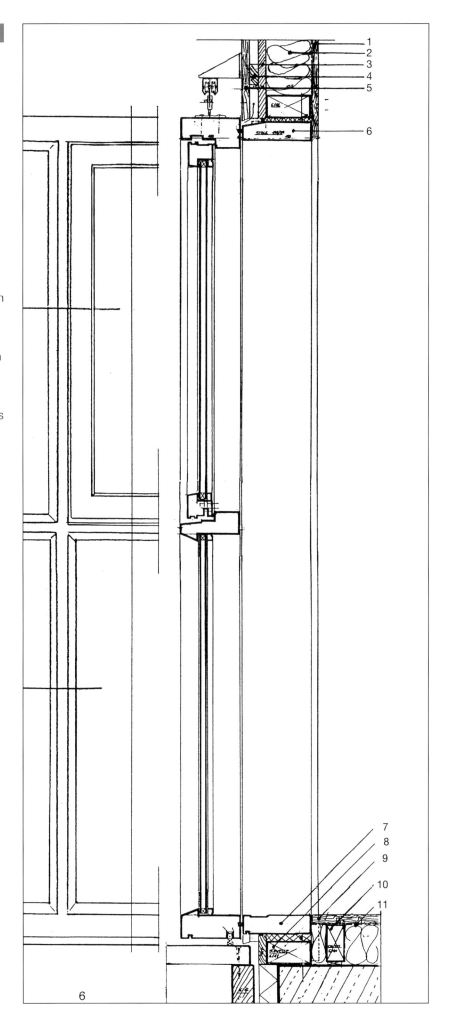

*Schiebetür, Teilansicht von außen*
*und Schnitt durch die Tür, M. 1:10*

  *1  Nut-und-Feder-Schalung*
  *2  Wärmedämmung mit Dampfbremse*
  *3  Diagonalschalung*
  *4  Hinterlattung, diagonal*
  *5  Nut-und-Feder-Schalung*
  *6  Türstock*
  *7  Türstock, Schwelle*
  *8  Schwelle 6/12*
  *9  Brettlboden*
*10  Staffel 5/10*
*11  Baupapier*

## Phantasievoller Ausbau

Seinen sehr eigenwilligen und persönlichen Charakter erhält das Haus durch die Details im Ausbau, die der Bauherr mit dem Architekten im Gespräch entwickelt und in Eigenleistung selbst ausgeführt hat. Zu nennen sind hier die Wandvertäfelung im Wohnraum, die mit aus dem ganzen Stamm gesägten Kirschbaumholz entstand und der Flußkieselbelag im Bad, den der Bauherr auch selbst gesammelt und verlegt hat.

## Reduzierter Standard

Ein wesentlicher Punkt zur Kostenreduzierung ist sicherlich der minimierte haustechnische Aufwand. Das ganze Haus wird nur durch zwei gemauerte Kachelöfen geheizt, von denen einer im Wohnzimmer, der andere in der Küche steht. Das Bad erhielt eine elektrische Fußbodenheizung. Die restlichen Räume sind bis auf passive Effekte durch die Sonne unbeheizt. So schlägt sich der Hüttencharakter in den Baukosten nieder. Nicht ganz eine Million Schilling inklusive Eigenleistung kostete das Haus mit einer Nutzfläche von 130 m² zuzüglich Keller und Garagen. Die Aufstellung auf Seite 187 zeigt einige wesentliche Punkte der Kosteneinsparung.

### Die Treppe

Auch an der Treppe kann man die leitende Grundidee der Almhütte ablesen. Bei der Zugangstreppe vom Eingangsgeschoß ins Wohngeschoß handelt es sich um eine einfache geradläufige Wangentreppe mit dazwischen gesetzten Trittstufen. Der untere Teil der Treppe, der vom Eingangsgeschoß hinaufführt und fast im Hang liegt, ist als Betontreppe ausgeführt. Darauf sitzt die einfache Holzkonstruktion aus Fichtenholz auf. Über der Treppe befindet sich noch ein Podest, das über wenige Stufen erreicht wird. Auf diesem angehobenen Platz, der von zwei Seiten Licht erhält, hat sich der Hausherr ein kleines Büro eingerichtet.

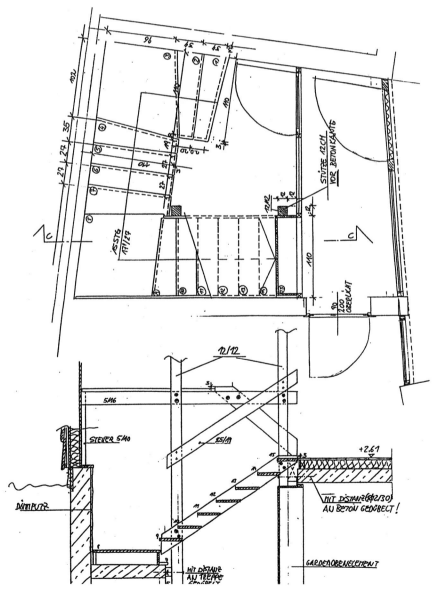

## Checkliste Einsparstufen

| Ausstattungsstand | heutiger Standard S 1 | reduzierter Standard S 2 | stark reduzierter Standard S 3 |
|---|---|---|---|
| **Entwurf, Konzeption** | | | raum- und volumensparndes Entwurfskonzept, einfacher Baustandard |
| **Fassaden** | | | |
| Sockel | Mauerwerk, beidseitig verputzt | | Beton, unbehandelt |
| Fassadenflächen | | Holzbauweise mit einheitlichen Profilen im „ballon-frame-System" | |
| Fenster | Dreh-/Kippbeschlag verdeckt an allen Fenstern | | einfache, offenliegende Beschläge (skand. Standard), einfachste Schiebetüren mit Kistenbeschlägen zum Dichtschließen |
| **Ausstattung** | | | |
| Innenwandflächen | Mauerwerk, beidseitig verputzt | Bretterschalung ohne Unterkonstruktion | |
| Böden | Parkettboden, 8 mm Eiche, Buche, Esche | Dielenboden aus Fichte | |
| Sockelleisten | Leisten, ca. 50/20 mm Eiche, Buche, Esche | Fichtenleisten | |
| Sanitärräume | Boden gefliest, Wände raumhoch gefliest | | Innenraum-Finish in Eigenleistung |
| Beheizung | Zentralheizung, sämtliche Räume mit Radiatoren beheizt | | Beheizung durch zentral aufgestellte Kachelöfen Schlafräume unbeheizt Bad mit elektrischem Einzelofen beheizt |
| Treppen | Innentreppe aus Carolina oder Pitchpineholz | | einfache, geradläufige Wangenkonstruktion aus Fichtenholz |

# Ein Experiment zum studieren

| Objekt: | Wohnstück Übelbach |
| --- | --- |
| Standort: | Übelbach bei Graz, Österreich |
| Architekten: | Gruppe Splitterwerk, Graz |
| Baujahr: | 1994 |
| Bauzeit: | April – Juli 1994 |
| Nutzfläche: | ca. 140 m² |

## Ausgangslage

Dieses Projekt ist Teil einer Diplomarbeit zweier Mitglieder der Architekturwerkstatt „Splitterwerk" aus Graz, die im Rahmen einer Bearbeitung eines Seminars an der TU in Graz Entwurf, Planung und Realisierungskoordination des genannten Bauwerkes mit architekturtheoretischen Erörterungen verbanden. Daraus entstand der Prototyp „Wohnstück Übelbach".

## Konzeption

Am Lehrbauhof Süd in Übelbach, ungefähr 25 km nördlich von Graz, wurde
von April bis Juli 1994 ein Experimen-
talbauwerk errichtet, das für zwei
übereinanderliegende Wohnungen mit
je ca. 70 m² Wohnnutzfläche konzipiert wurde. Es handelt sich bei diesem Versuchsbau um einen Holztafelbau in Fertigteilbauweise, der einen
Ausschnitt aus einer umfangreichen
Typologie von variationsfähigen Haus-
und Wohnungstypen darstellt und ist
als Hälfte eines Doppelhausentwurfes
zu verstehen. Ausschließlich von Stu-
dent(inn)en der Technischen Universität Graz im Rahmen der Lehrveran-
staltung Experimenteller Hochbau
(Leitung: Univ. Dozent Peter Schreib-
mayer) in mehr als 4000 Stunden in
nur neun Wochen vorgefertigt, montiert und komplettiert.
Ein hoher Bedarf an Wohnraum, die
hohen Baukosten und der geringe
Zeitraum, der für die Bewältigung dieser Anforderungen zur Verfügung
steht waren die aktuellen Anstöße für
das Prototypenbauwerk.

## Industrielle Vorfertigung

Daraus ergab sich das deklarierte
Hauptziel, die zur Zeit üblichen Herstellungskosten für einen Quadratmeter Wohnnutzfläche drastisch zu un-
terschreiten und die Möglichkeiten der
industriellen Vorfertigung zu nutzen. Es
sollte gezeigt werden, daß Wohnen
durch innovative Grundrißbildung noch
immer neu interpretiert werden kann.
Die Forderung nach Demontierbarkeit
und Wiederverwendbarkeit der einzelnen Häuser an anderen Bauplätzen
sowie die Möglichkeit der systemkon-
formen Aus- und Umbaubarkeit mün-
dete in die Erstellung eines Element-
baukastens als Grundvoraussetzung
für die Entwicklung eines einfachen,
wiederholbaren, wohnbauförderungs-
und variationsfähigen Typenhauses für
den Geschoßbau.

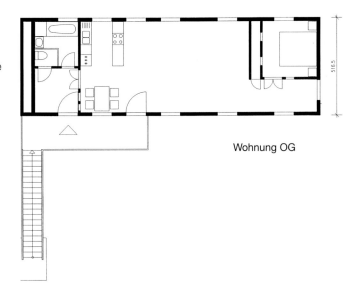

Wohnung OG

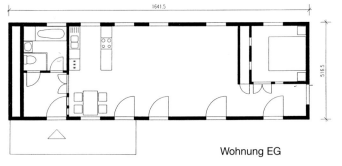

Wohnung EG

*Grundrisse, M. 1:200*

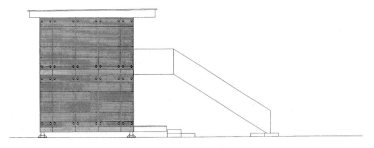

*Ansicht West, M. 1:200*

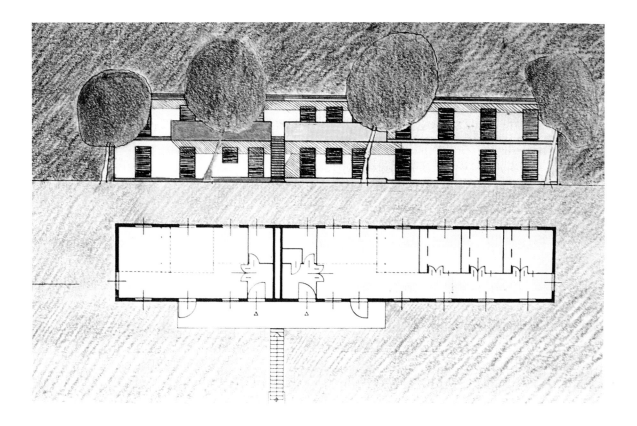

Ansichten, M. 1:200

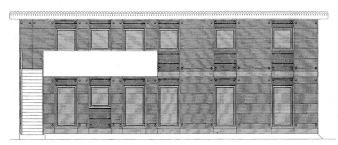

Ansicht Süd

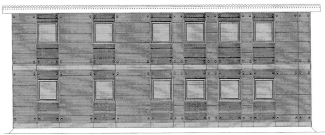

Ansicht Nord

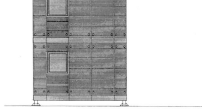

Ansicht Ost

Die Materialwahl erfolgte aus dem Angebot jener Baustoffe, die namhafte Firmen der Technischen Universität Graz für dieses Vorhaben zur Verfügung gestellt hatten. Die Randbedingungen für diese Simulation mußten also auf diese spezielle Situation abgestimmt werden. Bei einer industriellen Fertigung mußten einige dieser für das Wohnstück Übelbach zugeschnittenen Festlegungen überdacht werden. Trotzdem sind viele dieser im Experiment gewonnenen Erfahrungen durchaus auch auf den Bereich der industriellen Fertigung übertragbar.

## Baukörper

Es wurde ein langer, schmaler und kompakter Baukörper errichtet. Die Gebäudegeometrie ist durch ein Raster 62,5 cm x 62,5 cm fixiert. Die Hauptaußenmaße betragen 16,51 m x 5,00 m, die Höhe an der Firstseite beträgt 6,73 m. Die Geschoßhöhe mißt 3,01 m, die Raumhöhe 2,65 m.

Die schmale Baukörpertiefe von ca. 5,00 m (acht Rasterfelder) wird aus mehreren Gründen angestrebt. Die in diesem Projekt entwickelten Typenhäuser sollen nicht nur für ein Grundstück verwendbar sein. Deshalb war es für den Entwurf auch wichtig, einen Grundriß zu entwickeln, der einerseits unabhängig von der Orientierung zur Sonne und andererseits sogar direkt an bzw. vor einem Bestand baubar ist. Dies ist bei der geringen Baukörpertiefe von fünf Metern und der damit möglichen Belichtung von zwei Seiten gegeben, im Bedarfsfall kommt diese Grundrißfiguration auch mit einseitiger Belichtung aus. Diese Spannweite stellt außerdem ungefähr jene Länge dar, die noch problemlos in Holzleichtbauweise realisierbar ist.

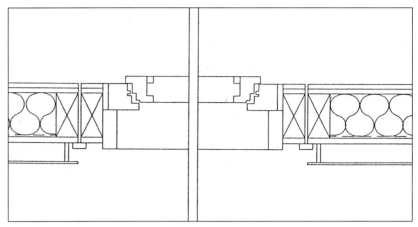

*Horizontalschnitt Elementstoß bei Fensterelement, M. 1:10*

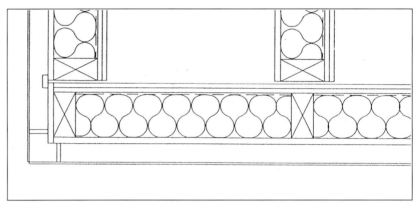

*Horizontalschnitt Elementstoß bei Installationsschacht, M. 1:10*

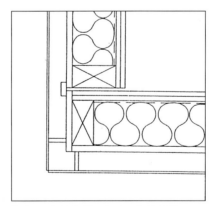

*Horizontalschnitt Wandeckstoß, M. 1:10*

*Vertikalschnitt Anschlüsse Innenwand an Decke, M. 1:10*

*Vertikalschnitt Anschluß Decke an oberes und unteres Wandelement, M. 1:10*

*Vertikalschnitt Anschluß Fenstertür/Boden, M. 1:10*

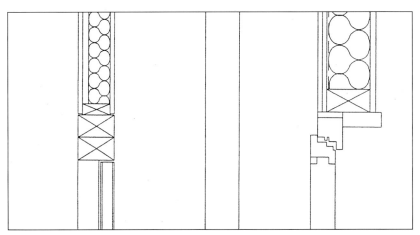

*Vertikalschnitt Innenwand mit Tür, M. 1:10*

*Vertikalschnitt Anschluß Fenster oder Fenstertür/Sturz, M. 1:10*

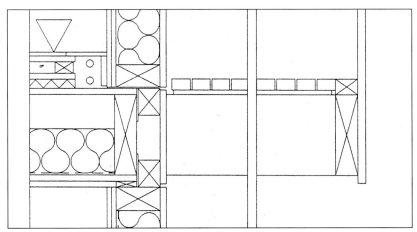

*Vertikalschnitt Stoß-Wand/Decke mit Auskragung für Laubengang, M. 1:10*

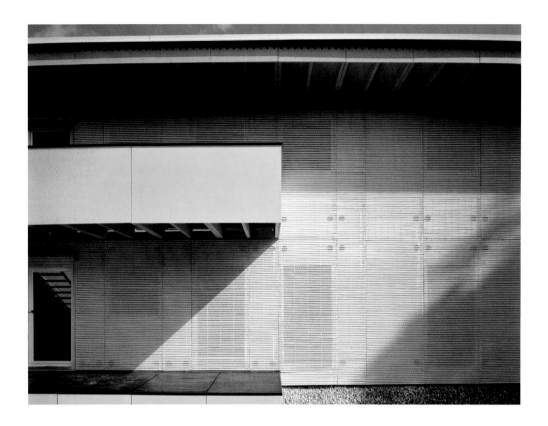

### Haustechnik

Die Wohnungstrennwände werden aus zwei Wänden gebildet, die voneinander abgerückt werden. In dem so entstehenden Hohlraum werden die gesamten Installationen von zwei Wohnungen zusammengefaßt. Es gibt so für zwei Wohnungen nur einen Installationsschacht. Die installationsaufwendigen Räume wie Bad, WC und Küche sind konzentriert angeordnet, die Sanitärgegenstände direkt an die Installationswand angeschlossen. Die Beheizung des Prototyps wurde nicht vorgesehen, bei einer Gruppierung von mehreren Häusern zu einer Wohnanlage erfolgt die Beheizung zentral oder über einen Fernwärmeanschluß. Die Wärmeabgabe erfolgt dann über handelsübliche Radiatoren.

### Grundrißvariabilität

Der Prototyp ist Bestandteil einer Grundrißtypologie. Alle Standardwohnungen dieser Typologie sind eingeschossig. Sondertypen können als Maisonettewohnungen ausgeführt werden. Durch die geringe Baukörpertiefe gibt es außer den längslaufenden Außenwänden keine tragenden Wände. So ist es möglich, die einzelnen Bereiche bzw. Räume frei anzuordnen und auf die individuellen Bedürfnisse der Nutzer zu reagieren. Ein nachträglicher Einbau von zusätzlichen Innenwänden ist relativ problemlos realisierbar, im Boden zeichnen sich bereits die als Untergrund benötigten Schwellenhölzer als Muster ab. Durch die strikte Einhaltung des Rastermaßes ist es so auch möglich, bereits vorhandene Wände an anderer Stelle zu plazieren oder die gesamte Grundrißfiguration innerhalb der Außenwände zu modifizieren. Die Möglichkeit der Errichtung mindestens eines zusätzlichen Zimmers ist bei allen Typengrundrissen und somit auch beim Prototyp gegeben. Beim „Wohnstück" wurden jedoch die Naßbereiche konzentriert, um eine möglichst kostengünstige Installationsführung zu gewährleisten.

### Erschließung

Die Erschließung der Obergeschoßwohnung erfolgt über eine offene Freitreppe und anschließend über einen kurzen Laubengang. Die Treppenläufe erreichen bei der Anwendung im Doppelhaus eine Differenzierung der Räume zwischen den Einzelbaukörpern und trennen die vor den Wohnungen liegenden Freibereiche voneinander ab. Die Ausführung eines Abstellraumes unter der Treppe würde diesen Effekt zusätzlich unterstützen. Diese Erschließung erfolgt im Regelfall von der Südseite aus. Der Grund hierfür ist die Nutzbarkeit des Laubengangs als Balkonfläche, als größere, private Freifläche.
Die Breite dieser Fläche beträgt drei Rastereinheiten (187,5 cm), eine gute Nutzbarkeit ist somit gegeben.

### Energietechnische Überlegungen

Die nach Süden orientierte Längsfassade erhält einen großen Anteil an transparenten Öffnungen. Die, vom energietechnischen Standpunkt der Relation Oberfläche zu Volumen betrachtet, ungünstige Gebäudegeometrie erweist sich bei näherer Untersuchung kompakteren Bauformen (wie z.B. dem Würfel) überlegen. Der Grund liegt in den Einstrahlungsgewinnen der Südseite, die sich in der Energiebilanz positiv niederschlagen.
Neben dem konstruktiven Witterungsschutz bilden die weit ausladenden Dachüberstände, insbesonders im Süden, eine Schutz gegen sommerliche Überwärmung des Hauses, im Winter ist jedoch eine ungehinderte Einstrahlung der Sonne möglich. Innenoberflächen sind mit erhöter Speichermasse bzw. erhöhtem Flächengewicht ausgestattet.

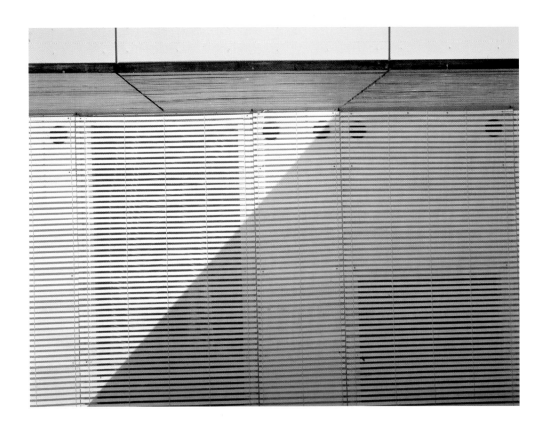

## Fassade

Vor der Fassade aus imprägnierten Preßspanplatten sind Rollschattenmatten montiert. Diese dienen als Oberflächenschutz, als Schutz vor sommerlicher Überhitzung (Barackenklima) und als Rankmöglichkeit für eine Fassadenbegrünung. Insbesonders die Wirksamkeit bezüglich der Überhitzungsproblematik ist beachtlich. Dies konnte durch entsprechende Messungen auch nachgewiesen werden. Die „kalten" Fassaden der Ost- und Nordseite der Häuser sollen sich klar von den „warmen" sonnenbeschienenen Fassaden der Süd- und Westseite unterscheiden. Dies gilt sowohl für die Farbgebung als auch für die Oberfläche der Rollschattenmatten. Die Nord- und Ostseiten sollen wärmeabsorbierend, also schwarz, die Süd- und Westseiten der Gebäude weiß und reflektierend gestaltet werden. Die weißen Fassaden der Süd- und Westseite sollen mit fruchttragenden Pflanzen, die ihre Belaubung im Winter verlieren, begrünt werden. Die schwarzen Fassaden der Ost- und Nordseiten sollen mit immergrünen Pflanzen begrünt werden.

## Kosten und Termine

Der Bau ist in jeder Hinsicht ein Versuchsbau und daher vom Gesichtspunkt der Kosten nur schwer zu fassen. Er wurde von Studenten der TU-Graz initiiert und im Rahmen einer Forschungsarbeit weiter begleitet. Die Gruppe Splitterwerk, die sich unter anderem aus diesem Projekt entwickelt hat, konstatiert nun Defizite, die in weiten Teilen des deutschsprachigen Handwerks festgestellt werden können. Es mangelt an einer Weiterentwicklung des Holzbaues im Zimmerergewerbe, so daß in weiten Teilen letztendlich der Mauerwerksbau kostengünstiger abschneidet. Auf der anderen Seite zeigt der industriell gefertigte Holztafelbau, wie er in den skandinavischen Ländern betrieben wird, die kostengünstigste Alternative im Wohnungsbau auf. Fast alle Projekte, deren reine Herstellungskosten bei Quadratmeterpreisen zwischen 1800,- bis 2000,- DM liegen, sind Holzbausysteme, die nach skandinavischem Muster, meist unter Beteiligung skandinavischer Firmen, erstellt worden sind. Der im Falle des Versuchsbaues am Bauhof Übelbach bei Graz berechnete Wert von 29,5 Arbeitsstunden und ca. 800,- DM Materialkosten pro Quadratmeter ist zum einen nicht kostengünstig, zum anderen aufgrund der völlig handwerklichen Erstellung, von nicht professionellen Arbeitskräften nicht signifikant. Interressant ist die Bauweise, im Hinblick auf die kurze Bauzeit. Auch dieser Versuchsbau war innerhalb von sechs Wochen zum Großteil fertiggestellt worden. Die im Zimmererhandwerk ungelernten Arbeitskräfte waren schnell in der Lage, sich das notwendige Know-how anzueignen, um die wesentlichen Arbeiten selbst ausführen zu können. Die Bauweise scheint also für Selbstbauer bzw. zur Erbringung von Eigenleistungen am Bau gut brauchbar zu sein. Die Möglichkeit mittels vorgefertigter Elemente innerhalb kurzer Zeit die geschlossene Hülle des Bauwerkes zu errichten und sich dann dem kleinteiligen Innenausbau zu widmen, zeigt sich als ein erheblicher Vorteil im Bauablauf. Aufgrund des versuchsorientierten Anlasses ist es nicht sinnvoll, eine Checkliste kostensignifikanter Einsparungen zu erstellen. Deswegen wurde bei diesem Projekt davon Abstand genommen.

# 3 Anhang

# Architektenverzeichnis

Fritz & Elisabeth Barth,
Philipp Janak
Hölderlinstraße 1
D-70734 Fellbach

C. Baumschlager & D. Eberle
Lindauerstraße 31
A-6911 Lochau bei Bregenz

Benthem Crouwel
Weerdestein 20
NL-1083 Amsterdam

BKK-2, (Chr. Lammerhuber,
A. Linemayr, F. Sumnitsch,
F. Wallnöfer, J. Winter, E. Wurster)
Mariahilferstr. 57-59
A-1060 Wien

Claus en Kaan
Wesperstraat 105
NL-1018 Amsterdam

Gruppe Splitterwerk
Mandellstraße 33
A-8010 Graz

R. Huchler
Lindauerstraße 31
A-6911 Lochau bei Bregenz

Jauss & Gaupp
Hünistraße 13
D-88046 Friedrichshafen

Klaus Kada
Wickenburggasse 32
A-8010 Graz

Rüdiger Lainer und Gertraud Auer
Reisnerstraße 41
A-1030 Wien

Gerhard Mitterberger
Glacisstraße 7
A-8010 Graz

Glenn Murcutt
176 Raglan Street
Mosman Sydney
Neu-Südwales
Australia 2088

Helmut Wimmer
Margarethenstraße 70
A-1050 Wien

# Fotonachweise

**Einführung**
Neue Wohnexperimente wann, wo,       Angelo Kaunat, Graz (Seite 7)
für wen                                Gruppe Splitterwerk (Seite 8)

**Vorwort**
Wunsch(t)räume oder             Hertha Hurnaus, Wien
die Utopie in der Architektur

**Fachbeiträge**
Neues Wohnen                Gisela Erlacher, Wien

**Raum – Plan – Gefüge**

**Gestalt**
Wohnen im Späneturm         Fritz Barth, Fellbach
                                  Philipp Janak, Fellbach
Vom Schwerem zum Leichten    Angelo Kaunat, Graz
                                  Zita Oberwalder, Graz

**Architektur der Dichte**
Global und lokal              Margherita Spiluttini, Wien
                                  Hannes Schild, Wien
Spezifische Selbstverständlichkeit  Margherita Spiluttini, Wien
                                  Hannes Schild, Wien
Effektvoller Mikroeingriff       Ger van der Vlugt, Amsterdam

**Gemeinschaft**
Entspanntes Wohnen          Helmut Wimmer, Wien
Normal, aber außergewöhnlich   Ger van der Vlugt, Amsterdam
Internationale Wohngemeinschaft  Paul Ott, Graz

**Struktur/Konstruktion**

**Systembauweise**
Experimentelles Minimalhaus    Michel Claus, Amsterdam
Aus gleichen Elementen        Ulrike Myrzik, München

**Ökologische Ansätze**
Weitegefühl in 40 m$^2$           Reiner Blunck, Tübingen
Einsam und einfach            Reiner Blunck, Tübingen

**Material**
Spiel mit Holz               Eduard Hueber, New York
Gut abgeschirmt             Eduard Hueber, New York
Mit schlichter Eleganz        Eduard Hueber, New York

**Kostenreduzierung**

Selbstbau ohne Ewigkeitsanspruch  Helmut Wimmer, Wien
Wie eine Berghütte            Zita Oberwalder, Graz
Ein Experiment zum studieren    Gruppe Splitterwerk, Graz

# Stichwortverzeichnis

# Quellenangaben

Quellenangaben zur Einführung Wunsch(t)räume oder die Utopie in der Architektur von D. Weigel

[1] „Konkrete Utopie steht am Horizont jeder Realität." Zit. nach: Bloch, E., Das Prinzip Hoffnung, (1959), 1979, S. 258

[2] Doren, A., Wunschräume und Wunschzeiten, Vorträge der Bibliothek Warburg 1924/25, Berlin 1927; Abdruck in: A. Neusäss, Utopie, Neuwied 1972, S. 173

[3] Lenin, W.I., Werke, Berlin 1971, Bd. 29, S. 397

[4] Zitiert nach: G. A. Gradow, Stadt und Lebensweise, Dtsch. Übersetzung, Berlin 1971, S. 48

[5] Uhlig, G.: Kollektivmodell „Einküchenhaus": Wohnreform und Architekturdebatte zwischen Frauenbewegung und Funktionalismus 1900 bis 1933, Werbund-Archiv; 6, Gießen 1981

[6] In der Zeitschrift „Hohe Warte" wurde 1908 diese Wohnform mit den programmatischen Worten vorgestellt: „Jeder kann in seiner Behausung schalten und walten, als wäre er der einzige Mieter. Er braucht die Mitbewohner seines Hauses ebensowenig zu kennen wie jetzt in den Mietskasernen, wo fünfundzwanzig und mehr Parteien ohne Zentralhaushaltung hausen." Die Verbindung mit den Haushaltungseinrichtungen erfolgte über ein Haustelefon und sah sowohl die Reinigung und Pflege der Wohnung als auch die Versorgung vor, wobei die Mahlzeiten über einen Speiseaufzug direkt in die Wohnung geliefert werden konnten.

[7] Das Einküchenhaus und seine Verwirklichung zu einer neuen Heim-Kultur, Berlin 1909

[8] Braun, L.: Frauenarbeit und Hauswirtschaft, Berlin 1901, S. 26 f. Darin hat sie ihr Programm über Hauswirtschaftsgenossenschaften dargestellt.

[9] Das Konzept zum Einraum entstand in Auseinandersetzung mit der künstlerischen Avantgarde der 20er und 30er Jahre. Eine neue Raumästhetik, die auf dem Prinzip eines variabel zu gestaltenden dreidimensionalen Raumvolumens basierte, löste das flächenbezogene Denken herkömmlicher Architektur ab. Auf dieser Basis ergab sich ein wirklich funktionelles Raumkonzept, das in der Wohnung der berufstätigen Frau/des Junggesellen und der Wohnung für das Existenzminimum eine Antwort auf die ökonomischen Zwänge der Inflationszeit zu geben imstande war. Vergleiche Doris Weigel, Die Einraumwohnung als räumliches Manifest. Untersuchungen zum Innenraum der dreißiger Jahre, Edition Argus, Schliengen 1996

[10] Vgl. enda.

[11] Le Corbusier, 3teilge Fernsehdokumentation von CIST-INA-GAUMONT, Fondation le Corbusier, A2, La sept, 1987

[12] Giedeon, S., Architektur und Gemeinschaft. Tagebuch einer Entwicklung, Rowohlt Hamburg 1956, S. 102

[13] Dem Großexperiment dieser Unit, folgen noch fünf weitere: 1952 Nantes-Rezé; 1957 Meaux, Brieyen

[14] zit. nach Schöny, R., Ein Stück gebaute Utopie im Westen von Wien, in: Visionäres Wohnen inmitten städtbaulicher Alltäglichkeit. Hrsg. vom Verein für integrative Lebensgestaltung, Wien 1996, S. 3

[15] Vgl. Waechter-Böhm, L. „Die nicht alltägliche Qualität des Wohnens," in: Architektur Aktuell (195) 1996, S. 44 ff.

[16] Vgl. „Die Vehemenz des Wollens. BKK-2 – Johann Winter, Christoph Lammerhuber und Axel Linemayr im Gespräch mit Liesbeth Waechter-Böhm", in: Architektur Aktuell (175/176) 1995, S. 101

[17] Giedeon, S., Architektur und Gemeinschaft, Tagebuch einer Entwicklung, Rowohlt Hamburg 1956, S. 71 u. 97

# Literaturverzeichnis

Uhlig, Günther
Kollektivmodell „Einküchenhaus":
Werbund-Archiv 6,
Gießen 1981

Wolfgang Ruske
Häuser in der Gruppe
WEKA Baufachverlage
Augsburg 1990

Lederer/Ragnarsdottir
Wohnen heute/Housing Today
K. Krämer Verlag,
Stuttgart 1992

Th. Hafner
Vom Montagehaus zur Wohnscheibe,
Entwicklungslinien im
Deutschen Wohnungsbau
1945–1970
Birkhäuser Verlag
Berlin 1993

H. Reiners
Neue Einfamilienhäuser
Callwey Verlag,
München 1994

Schmitz/Gerlach/Naumann u. a.
Neue Wege im
Geschoß-Wohnungsbau
R. Müller Verlag, Köln 1994

Wohnhäuser – Beispiele und Hinter-
gründe Hessische Architektenkammer
Verlag Junius
Hamburg 1994

Horst Kleiner (Hrsg.)
Ökologische Architektur,
ein Wettbewerb
Callwey Verlag, München 1995

Holger Reiners
Individuelle Einfamilienhäuser
unter 500.000,– DM
Callwey-Verlag München 1996

Peter Faller
Der Wohnungsgrundriß 1920–1990
Deutsche Verlagsanstalt
Stuttgart 1996

G. Dworschak/A. Wenke
Die neue Einfachheit
WEKA Baufachverlage Augsburg 1996

Doris Weigel
Die Einraumwohnung als
räumliches Manifest. Untersuchungen
zum Innenraum der dreißiger Jahre,
Edition Argus, Schliengen 1996

B. Kolb
Aktueller Praxisratgeber für
umweltverträgliches Bauen
WEKA Baufachverlage,
Augsburg, ständig aktualisierte
Sammelmappe

U. Gothe / D. Schempp
Aktuelle Mustermappe für
Baukonstruktionsdetails
WEKA Baufachverlage,
Augsburg, ständig aktualisiert

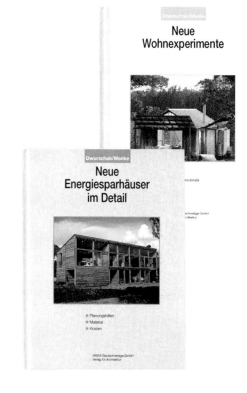